影响世界的杭州科学家

近现代篇
Modern Volume

Hangzhou Scientists Who Affect the World

杭州市科普作家协会 ◎编著

浙江少年儿童出版社·杭州

编委会

主　编

陈夏法　余勇平

副主编

陈仲达　卢曙火

编写（以姓氏笔画为序）

王　艳　孙美燕　卢曙火

陈夏法　张巧艳　章胜利　蒋德仁

序

"上有天堂，下有苏杭。"自古以来，杭州就是人文荟萃、人杰地灵之地。这片山清水秀的土地不仅孕育了伟大的政治家、文学家和艺术家，而是还培养了一位位对世界的发展和人类的进步做出巨大贡献的科学家，为杭州这座有着几千年历史的人文名城增添了无限的光彩。

翻开杭州的历史画卷，你会看到一个个熠熠生辉的名字，照耀了古往今来的漫漫科研路，在杭州乃至世界的科学发展史上都留下了浓墨重彩的一笔。如中国近代地理学和气象学的奠基人竺可桢、被誉为"当代茶圣"的吴觉农、成功治理西湖红潮的蔡堡、被誉为"东方第一几何学家"的苏步青、中国生物物理学的奠基人贝时璋，被誉为"中国外科之父"的裘法祖等。他们志存高远，不畏艰险，勇敢地攀登科学的高峰，即便到了古稀之年，仍辛勤地奋斗在科研的第一线，其精神值得我们敬佩，其意志值得我们歌颂。

由杭州市科普作家协会组织编写、浙江少年儿童出版社出版的《影响世界的杭州科学家·近现代篇》，依出生时间排序，选取了29位生于1920年以前的近现代科学家，他们或生在杭州，或曾在杭州工作，都与杭州有着千丝万缕的联系，都做出过重大贡献。这些科学家的故事，着重展现其成长经历、主要科学成就，不仅为读者带来一份独特而有意义的阅读体验，更起到了宣传科学知识和推广科研技术的良好效用。

通过《影响世界的杭州科学家·近现代篇》，可以把杭州更进一步介绍给全世界，给杭州更增添科学的魅力和影响力，给世界留下一个融合感性与理性，兼具人文气息与科学氛围的新杭州印象。本书在科学家小传部分以中英文对照的方式介绍，让读者了解到近现代杭州的城市发展都是由科技、知识、人力、文化等创新要素驱动着，从而让城市变得更美好、更先进。

本书文字优美，故事生动，数据严谨，适合作为青少年了解科学知识和杭州历史的推荐读物，让读者在阅读之余，激发对科学的学习热情，开阔视野，增长见识。在阅读中，跟随这些科学家的探索足迹和科研征程，我们也能体会到白居易所谓"江南忆，最忆是杭州"的那份独特韵味。

杭州科学家们灵动跳跃的思想、海纳百川的心胸、奋斗不息的精神以及高贵坚忍的品质，永远值得我们铭记、感动、敬仰和学习！

谭建荣

2018年1月1日

目　录

王　琎 ······················ 1

竺可桢 ······················ 5

陈建功 ······················ 10

茅以升 ······················ 14

吴觉农 ······················ 22

蔡　堡 ······················ 26

罗宗洛 ······················ 31

陈　立 ······················ 36

苏步青 ······················ 40

蔡邦华 ······················ 44

贝时璋 ······················ 50

王淦昌 ······················ 55

王季午 ······················ 60

朱壬葆 ······················ 65

周廷儒 ······················ 70

谈家桢	75
汪　猷	79
许宝騄	83
周立三	87
钱学森	91
钱三强	97
樊　畿	101
裘法祖	106
武　迟	111
叶笃正	115
朱祖祥	119
杜庆华	124
蒋丽金	128
高小霞	132

⦿ 王 琎

1888—1966

浙江黄岩宁溪人。著名化学史家和分析化学家。毕生致力于研究中国化学史，擅长经典微量分析，用古钱分析研究中国古代冶金史，是中国化学史与分析化学的开拓者之一。

Wang Jin was born in Ningxi Town, Huangyan District, Zhejiang Province. He is a famous chemical historian and analytical chemist. Wang Jin devoted all his life to Chinese chemical history research and was good at classical micro-analysis. He used ancient coins to study Chinese ancient metallurgical history. Wang Jin is regarded as one of the pioneers in Chinese chemical history and analytical chemistry.

王琎年少时，正是延续千年的科举制度即将废除、新式教育萌芽兴起的互交之际。他少年时曾接受经史教育，习作八股文，这对他日后的化学史研究及写作具有一定的裨益。

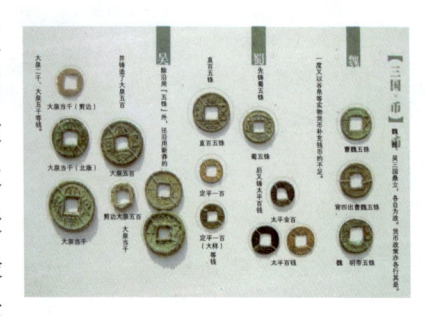

● 三国钱币图谱

1907年，距离科举制被废除已时日不多，但古代经典四书五经仍是许多人的必读之书。一天，王琎的几位青年朋友相约到他家里来玩，见19岁的王琎仍埋头伏案，认真阅读儒家经书，不由得慷慨激昂道："这种废书，读它何用！"王琎听罢，心灵受到极大震撼，经过一番激烈的思想纠结，他辞别父母，远离家乡，来到北京，考取北京京师译学馆学习英语，目的就是为了熟练掌握外语，以利沟通中西文化，走"科学救国"之路。

1909年，第一批庚款留美学生考选工作结束，王琎的中英文和数理化成绩均名列前茅，幸运地被录取了。这一年，王琎新婚，家中经济状况不景气，父亲希望他放弃留学尽快进入社会谋一份职业，以补贴家用。经过一番新旧思想的激烈斗争，王琎认为，好男儿志在四方，留洋学习科学与工程，将来为国效力，必能顺应潮流。于是，他下定决心克服旧的传统和习惯，远赴重洋奋发图强。他先到

上海购置西服，剪去长辫，后回家乡向父母妻子告别，与梅贻琦、胡刚复、秉志等一起登上海轮赴美，成了"庚子赔款"留美预备学校——清华学校创办前的早期留学学生。

● 1909年，第一批庚款留学生合照

1911年，王琎考入美国里海大学攻读化学工程。他学习刻苦，兼收并蓄，打下了坚实的学识基础，积累了丰富的实践经验，并于1916年毕业学成回国。20世纪初，我国化学人才奇缺，蔡元培任中央研究院院长期间，邀请王琎担任中央研究院化学所第一任所长。王琎上任后，结合当时国家化学学科现状和科技发展规划，组建了有机化学、物理化学、分析化学、陶瓷玻璃等小组进行工作，并结合中国化学资源开展化学研究，都取得较大成绩，为中国早期化学事业的发展做出了开创性的贡献。

1934年，留学人员多已学有所成，归国效力。王琎审时度势，再出国门，进入美国明尼苏达研究院任研究员，师从著名分析化学家科尔托夫继续深造。他于1936年发表论文《铂、金、银在不同电解质溶液中的电极电位》，首次分析了铂、金、银在不同的电解质溶液中具备不同抗腐蚀能力的原因，凭此被授予硕士学位，圆满结束了第二次出国留学经历。

1937年，王琎受竺可桢之聘来浙大任化学系主任。彼时正值浙大西迁之时，在西迁的十余年岁月中，王琎携师生与家人颠沛流离，历尽艰难，但他始终视校如家，不辞辛苦，他常对子女们说："只要国家民族不沦亡，个人损失算不了什么；只要勤俭奋斗，就可以重建家园。"王琎正是发扬了这种不畏艰险、迎难而上的"求是"精神，将浙大化学系办得如火如荼，受到多方好评。

● 王琎与子女合影

1944年秋，英国皇家学会会员李约瑟博士到浙大参观，还特意拜访王琎，并请教中国古代炼丹家葛洪的情况。

1966年12月，王琎逝世，享年78岁。"和风细雨花争放，百炼千锤铁始成。"王琎毕生致力于研究中国化学事业，数十年如一日，用自己的聪明才智和坚强毅力在诸多学科领域成就斐然。

◉ 竺可桢

1890—1974

浙江绍兴人。中国近代气象学家、地理学家、教育家，中国科学院院士。竺可桢是中国近代地理学和气象学的奠基人，也是中国物候学的创始人。正是他一生的执着追求，才有今天中国气象学和地理学研究的繁荣景象。

Zhu Kezhen was born in Shaoxing City, Zhejiang Province. He is an outstanding meteorologist, geographer, educator, and the academician of Chinese Academy of Sciences. As the founder of Chinese modern geography and meteorology, as well as the originator of phenology, Zhu Kezhen's lifelong persistent pursuit exerted a far-reaching impact on the prosperity of Chinese meteorolgy and geography researches.

1890年3月，竺可桢生于浙江绍兴东关镇一个小商人家庭。自童年时起，竺可桢便聪颖好学，勤奋刻苦。

竺可桢不但爱学习，还善于动脑筋思考问题。一天晚上，他躺在床上听屋檐下接连不断地滴着雨水，落在石板上发出"滴滴答答"的响声。他起身站在窗前，数那滴答作响的水滴，数着数着，不禁心里纳闷："咦，这些石板上怎么有一个一个的水坑啊？"水滴正好滴在小坑里。再看看另外一块石板，也是同样的情况。竺可桢求知心切，连鞋也来不及穿，光着脚跑去请教父亲。

父亲竺嘉祥是乡里一位有文化的米行老板，他听了儿子的问话，耐心地向他解释："这就叫'水滴石穿'啊！一滴一滴的雨水看似没有什么分量，但天长日久，滴水穿石，石板也被滴出小洞了。读书、做事，也是同一个道理，只有持之以恒，才会有所成就。"

竺可桢默默记下了，他要做一个有恒心的人！

后来，父亲将竺可桢送往一所新式学堂求学，学习算术、地理、博物等新知识，还能从"新派"老师那里知道一些天下大事。在乡邻的引荐下，竺可桢拜博学多才、名闻遐迩的章景臣为师。在学堂学习的6年间，竺

● 1944年，浙江大学召开中国科学社成立30周年学术活动，竺可桢校长做了题为《二十八宿之起源》的报告

可桢打下了扎实的儒学基础，唐诗宋词更是信手拈来。

也正是因为幼年求学时打下的坚实基础，竺可桢创造性地将唐宋诗词应用到气象研究中去。譬如，他举出唐代元稹的《和乐天秋题曲江》中的诗句："长安最多处，多是曲江池。梅杏春尚小，芰荷秋已衰。"认为此诗表明当时长安的春天是开梅花的。但宋代苏东坡咏杏花诗中却说"关中幸无梅，汝强充鼎和"，说明到了宋代，长安的初春只有杏花一枝独秀了。还有王安石的咏梅诗"北人初未识，浑作杏花看"，那是笑北方人不识梅花而将其误作杏花了。竺可桢思维活跃，文理通融，他根据梅花只能抵抗零下14摄氏度寒冷的生命极限的理论，从唐宋词句中总结古代气候特征，由此得出结论：宋代苏东坡、王安石时期与唐代元稹时期相比，气温变冷了许多。

竺可桢在研究物候学时，不仅反复查阅大量的古代典籍和诗词作品，还特别注意随时随地做物候观察记录。他的日记本里满满记载了某月某日什么花开、什么鸟飞来、什么时间某某花落，为进一步做科学研究提供了严谨翔实的资料。

● 竺可桢在工作

● 浙江大学竺可桢雕像

1910年，竺可桢考取了留美官费生，远赴伊利诺斯大学农学院学习，后转入哈佛大学地理系，潜心研读与农业关系密切的气象学。

哈佛大学地理系气象专业师资力量雄厚，设备完善，藏书丰富，是个求学做学问的好地方，著名教授华尔德、麦克阿迪等成为了他的导师。1918年夏，竺可桢通过《远东台风的新分类》博士论文答辩，成了我国历史上第一位气象学博士。

竺可桢在美国求学和研究的8年间，仍心系祖国和家乡的亲人。他的研究也多以解决中国当时的实际问题为主。

回国后，竺可桢在南京筹建北极阁气象研究所，出版

中国第一本《气象学》专著,为推动全国气象台建设、培养气象人才做出了巨大贡献。在浙江大学任校长时,竺可桢倡导"公忠坚毅,天下己任的爱国精神;只问是非,不计利害的科学精神;大不自多,海纳江河的开放精神;自强不息,永不气馁的奋斗精神"。他引用王阳明"君子之学,岂有心乎同异,惟求其是而已"一语,认为"求是"不仅限为埋头读书、做实验,更要有追求真理、勇于奉献的精神。后来,"求是创新"成为浙大校训,承袭至今。

1974年2月,竺可桢去世,享年84岁。纵观竺可桢精彩的科学人生,他那崇高的科学精神、求实的科学态度和对中国科学事业所做的巨大贡献,无不令后人景仰和传颂。

⦿ 陈建功

1893—1971

浙江绍兴人。数学家、数学教育家，中国科学院院士。在正交函数、三角级数等领域做出了重要贡献并享有国际声誉，是我国函数论研究的开拓者之一，也是我国近代数学的奠基人之一，为发展中国的数学研究做出了不朽的贡献。

Chen Jiangong was born in Shaoxing City, Zhejiang Province. He is a well-known mathematician, mathematics educator and the academician of Chinese Academy of Sciences. Chen Jiangong owned worldwide reputation by making significant contributions to the development of orthogonal functions, trigonometric series and so forth. As one of the pioneers of function theory study and one of the founders of modern mathematics in China, Chen Jiangong made immortal contributions to Chinese mathematics development.

1893年9月，陈建功出生在浙江绍兴。5岁时，陈建功在一家私塾读书，因读书用功，又天资聪颖，塾师教授的课文他往往很快就能理解和背诵。1910年，陈建功来到杭州，就读于全国著名的浙江两级师范学堂，当时校内名人云集，鲁迅、许寿裳、马叙伦等名师均在此授课。学校设置的课程很多，而陈建功最喜欢数学，那些复杂的数学公式看似单调枯燥，但在陈建功的心中却焕发着生动有趣的无限魅力。

随着陈建功兄妹逐渐长大，家庭开支更是捉襟见肘。陈建功毕业后，父亲急于要他去当个小学教师，以挣薪俸，缓燃眉之急。当时浙江两级师范学堂的毕业生去日本留学很风行，而陈建功也想出国留学，开阔视野。怎么说服父亲呢？他就顺着父亲增加家庭收入的思路，对父亲说，如果他现在就工作，每月能获得的薪水很少，对家庭经济起的作用也小，但如果留学归来，薪俸将远高于小学教师，以后可以让几个妹妹也念书。父亲听后觉得言之有理，便同意了陈建功的想法。但出国留学需要一笔不菲的学费和旅费，这对一个普通的家庭来说，是一座难以逾越的障碍。

幸运的是，由于陈建功在校期间学习成绩名列前茅，争取到了一个官费

● 陈建功在书房

名额，但赴日的旅费需要自己承担，这再一次难倒了陈建功全家。好在陈建功有一个同学的父亲经商，他愿意贷款50元大洋给陈建功，赴日旅费才得以解决。

按当时惯例，官费留学生只能读国家急需的工科，于是陈建功考入东京高等工业学校的染织科学习，第一年先进入预备学校学日文，第二年才正式就读。染织科多是化工课程，但陈建功的兴趣却仍在数学方面，他不愿就此放弃对数学的爱好，于是又考进一所夜大，专攻数学。这样一来，他白天、夜晚上两所大学，每天的课程都排得满满的。

虽然陈建功远在东京读书，心中却始终挂念着远在绍兴的父母和妹妹。他平时省吃俭用，省下一部分费用寄回家，以还贷款和供妹妹上学。为了省钱也为了节约时间，他三餐常以糯米饼充饥，天长日久，牙齿也嚼坏了。

1929年，陈建功婉言谢绝了导师留他在日本工作的美意，回到朝思暮想的祖国，并应浙江大学邵裴之校长的邀请，来到浙江大学数学系任教，从此便有了陈建功与苏步青的亲密合作。他们为国家培养了大批人才，形成了国际数学界广为称道的"浙大学派"。

1937年，抗日战争爆发后，浙江大学从杭州出发，不断西迁，历经浙江建德、江西吉安、江西泰和、广西宜山，辗转跋涉五千里，于1940年2月抵达贵州遵义、湄潭，并在两地分别建立起浙江大学工学院与浙江大学理学院。陈建功只身随校西行，沿途遭遇日机轰炸，生活条件极端困苦，但他的数学研究与教学仍然弦歌不辍，并表示"一

● 西迁贵州湄潭时的"国立浙江大学"校门

定要把数学系办下去，不使其中断"。

陈建功一生勤奋刻苦，不断创新，在实变函数论、复变函数论和微分方程等方面做出了突出的科研和教学贡献，他毕生以振兴我国的现代数学而呕心沥血，悉心培养了一代又一代高级数学人才。1971年4月，奋斗终生的陈建功与世长辞，享年78岁。直至生命的最后时刻，他仍晨兢夕厉，为后世留下了许多宝贵的学术财富。

陈建功的一生是燃烧自己照亮别人的一生，无论做学问还是做人，都为后人树立了楷模。

◉ 茅以升

1896—1989

江苏镇江人。土木工程学家、桥梁专家，中国科学院院士。茅以升主持修建的中国人自己设计并建造的第一座现代化大型桥梁——钱塘江大桥，成为中国桥梁史上的一块里程碑。新中国成立后，他又参与设计了武汉长江大桥，为我国科学技术的进步做出了卓越贡献。

Mao Yisheng was born in Zhenjiang City, Jiangsu Province. He is an excellent civil engineer, bridge engineer and the academician of Chinese Academy of Sciences. Mao Yisheng once took charge of building Qiantang River Bridge, the first modern grand bridge designed and constructed by Chinese people. Qiantang River Bridge is regarded as the milestone in Chinese bridge development history. After the founding of People's Republic of China, Mao Yisheng took participation in designing Wuhan Yangtze River Bridge. Mao Yisheng made brilliant contributions to Chinese scientific and technical progress.

钱塘江大桥是我国自行设计、建造的第一座双层铁路、公路两用桥,由我国著名的桥梁专家茅以升先生主持修建。

茅以升10岁那年,家乡举行端午节划龙舟比赛。观众挤满了文德桥,由于人太多,把桥都压塌了,很多人落水丧命。他因为肚子疼没去看龙舟,恰巧躲过一劫。但这件事一直沉重地压在茅以升的心头,他暗下决心:"等我长大了,一定要造出最结实的桥!"

从此,茅以升只要看到桥,总要从上到下仔仔细细看个够;只要从书本上看到有关桥的知识,就把它们摘录下来;只要遇到有关桥的图画就剪贴起来……日积月累,他已经是一个不折不扣的桥梁迷了。

1916年,茅以升毕业于交通部唐山工业专门学校,参加清华留美官费研究生考试,以第一名的成绩被录取,赴美留学。1917年,茅以升获美国康奈尔大学硕士学位(桥梁专业),1919年,又获美国卡耐基理工学院(现为卡耐基梅隆大学)博士学位,成为该校的第一位工科博士。回国后,他历任交通大学唐山工学院教授、国立东南大学教授、北洋工学院院长等职。1934年,茅以升应浙江省建设厅厅长曾养甫之邀,南下杭州担任钱塘江大桥工程处处长。

自古以来,钱塘江潮水的激越凶险就常使人闻风丧胆,杭州流传着一句歇后语:"双脚跨过钱塘江——不可能的事!"

茅以升建设钱塘江大桥,经历的可真是九九八十一难。

首先，钱塘江底石层上有厚厚的流沙，有些地方甚至深达40余米（因此有钱塘江"无底"之说），要在上面打桩，极其困难，建筑工人努力一个昼夜，才能成功打进1根桩。

● 《钱塘江大潮》特种邮票——交叉潮

茅以升采用"射水法"打桩，把钱塘江的水抽到高处，通过水龙带将江底泥沙层冲出一个洞，然后往洞里打桩，结果一昼夜成功打进30根桩。

其次就是浮运沉箱的难题。茅以升因地制宜，发明了"沉箱法"的施工技术——将钢筋混凝土做成的箱子口朝下沉入水中，罩在江底，再用高压空气挤走沉箱里的水，工人在箱里挖沙作业，使沉箱与木桩逐步结为一体。

试想一下，长18米、宽11米、高6米的钢筋混凝土沉箱，像一栋房子一样，重达600吨——要把这样的庞然大物从岸上运到江里，并准确无误地放在木桩上，在水急浪高的钱塘江中，谈何容易！

果然，第一回，土沉箱刚被运到桥墩的位置就挣脱了，飘到了下游的闸口电厂。建桥工人千方百计把它拉了回来，再次让它沉到指定的位置，可是，它又挣脱锚链，飘到之江大学，陷在泥沙当中。桥工们又费了九牛二虎之力，再把它拖回工地，这次，它竟借着风雨大潮助威，拔起铁锚，

撞向南星桥码头……简直是一个上下乱蹿的沉箱兽。

后来根据一位工人的建议，把每个3吨重的铁锚改为10吨重，用"射水法"将锚埋入泥沙深处，终于把沉箱稳稳固定，一举成功。

说起这沉箱，还有一件事让茅以升永生难忘。

有一天，茅以升不放心工程，又亲自下到6号桥墩的沉箱里察看。他仔细检查了施工现场，然后同身边的工程师、工人讨论一些细节问题。突然间，没有任何预兆，所有的电灯在瞬间全部熄灭。

断电了！

大伙儿心里一沉：不好了！沉箱是利用高压空气把水逼走，工人才得以在里头操作。断电了意味着高压空气没了，水马上就要涌进来了！

顿时，沉箱内一片混乱，那情形就像煤矿发生瓦斯爆炸，工人拼命向井口奔逃。但通向气闸室的管道很小，几乎只容一人进出，若不及时阻止，工人们在被水淹死之前，就会互相践踏而死。茅以升厉声呵斥："谁都不许动！我与大家同生死共呼吸！要死一起死，要活一起活！"

工人们马上被镇住了，但他们还是很不安，因为他们以为电灯不亮，就意味着断电，意味着水面上的输气管遭到破坏。用不了多久，沉箱内的气压就

●钱塘江大桥

会下降，江水涌入，他们的生命将用秒来计算了。

茅以升接着安抚众人："照明电和动力电是分头输入的，电灯和高压空气是两回事。不要急，再等等，看是什么情况。"

● 中国现代科学家纪念邮票——茅以升

果然，整整两分钟过去了，水还没有涌进来，大伙儿松了一口气，这才稍稍镇定下来——也许，这根本不是断电呢，只是电灯线路出了什么故障。大约半个钟头以后，电灯突然又亮了，而这刚刚过去的半个钟头里，地面上的人们却经历了一场惊险而又恐怖的生死劫难。原来是日军飞机来炸桥，工地临时关闭了所有的电灯。

是茅以升的镇定与睿智帮助大家脱险，救了大家的性命。

后来，大桥工程一再遭遇重大故障，曾有一段时间人心惶惶，认为钱塘江大桥不可能建造成功。茅以升一直坚定地说："再有困难，大桥也得建成。我决不后退半步！钱塘江大桥的成败，不是我一个人的小事，而是能不能为中华民族争气的大事！"

最终，在总工程师罗英的协助下，茅以升充分发挥80多名工程技术人员和1000多名工人的智慧，攻克了80多个难题。他们采用上下并进、一气呵成的方法（即基础、桥

墩、钢梁三项工程一起施工，不分先后顺序），大大缩短了工程时间。又巧妙采用"浮运法"，潮涨时将钢梁运至两墩之间，潮落时钢梁便落在两墩之上，省工省时，进度大大加快。经过两年半的艰苦奋战，大桥终于在1937年9月建成通车。

令人痛心的是，大桥落成之日，正是日本帝国主义的铁蹄在中国长驱直入之时。富有远见的茅以升在第14号桥墩预留了一个埋炸药的方洞，因为他预感到，他也许得亲手炸掉自己历尽千辛万苦建造的大桥。

果然，1937年11月16日，茅以升接到炸桥命令。他申请延缓炸桥，但也不得不亲自部署，事先埋下炸药。

12月23日，炸桥的最后一刻，北岸隐约出现日本骑兵的影子，茅以升不得不下令：关闭通道，清空行人，炸桥！

"轰隆隆"一阵巨响，犹如地震爆发，刹那间浓烟滚滚，天昏地暗，这座跨越钱塘江的大桥，这座第一次由中国人自行设计施工的现代化大桥，这座总长1453米，由1千多个桥工历经925个日日夜夜，耗资500多万元造成的钱塘江大桥，就此中断，瘫痪在1937年日寇侵华的烽火里……

茅以升热泪奔涌。他愤而提笔，写下这些语句：

● 茅以升在书房

"五行缺火真来火,不复此桥不丈夫!"

"抗战必胜,此桥必复!"

怎不令人痛心!钱塘江大桥凝聚着茅以升等工程师多少心血与热忱?凝聚着全体建造者多少爱国热情与责任感?

在建桥时,茅以升不仅亲自下到沉箱,检查施工现场,甚至连大桥关键部位的螺丝、桥钉,都要亲自检验,连混凝土的比例,也要一一过问,从而坚决杜绝粗心大意、偷工减料现象的发生。"每座钢梁有18000颗铆钉,每一颗都要死死咬住钢梁,形成合力,才能保证梁体的结实和纹丝不动。我们要造的是大桥,桥上是要开火车开汽车的,是要走人的,时时刻刻要保证人们的生命财产安全,一丝一毫都马虎不得。"

抗战胜利后,茅以升又主持修复了钱塘江大桥。建桥、炸桥、复桥,茅以升始终其事,克尽厥责。钱塘江大桥建成于抗日烽火之中,再生于和平建设之世。它不仅在

中华民族抗击外来侵略者的斗争中书写了可歌可泣的一页，而且在国家经济建设中发挥了重要作用。它使沪杭与浙赣两条铁路相连接，使钱塘江两岸由天堑变通途。通车以来，为我国交通事业的发展和江浙沪经济的繁荣建立了不朽的功勋。

鸟瞰如今的华夏大地，一座座大桥跨越江河湖海，变天堑为通途。桥梁事业飞速发展的背后，离不开我国国力的提升，技术的进步，更离不开像茅以升一样的科学家们夜以继日的奔波操劳，为修桥事业奋斗终身，值得后人永远铭记。

晚年，茅以升编写了《中国桥梁史》《中国的古桥和新桥》等，为后世留下了宝贵的财富，也为中国桥梁建筑和土木工程事业继续贡献着自己的力量。

1989年11月，茅以升病逝，享年93岁。

⦿ 吴觉农

1897—1989

浙江绍兴上虞人。农学家、农业经济学家,为发展中国茶叶事业做出了卓越贡献,被誉为"当代茶圣"。

Wu Juenong was born in Shangyu District, Shaoxing City, Zhejiang Province. He is a well-known agronomist, agricultural economist. Wu Juenong made significant contributions to Chinese tea industry. Because of his devotion, Wu Juenong is respected as Modern Tea Saint.

吴觉农

吴觉农,原名荣堂,浙江绍兴上虞人。上虞自古就产茶,宋代便有后山名茶问世,茶业一向在当地经济中占有重要地位。吴觉农自小就接触茶事,对茶产生了浓厚的兴趣,因此立志要献身农业,故改名觉农。他认为,"觉"乃佛家所说的"自觉悟"是也,只有"自觉"方能"觉人",这是"觉"的真正内涵与本质。

吴觉农曾在文章中写道:"我入学读书,逐渐了解到丝绸和茶叶都是我国历史上很早的出口商品……我生自茶乡,因此在中学读书时,就对茶叶发生了兴趣。"可以说,是强烈的事业心和民族责任感奠定了他取得非凡茶学成就的思想基础。

1916年,吴觉农毕业于浙江中等农业技术学校(浙江农业大学前身)。1919年,抱着实业救国、科技兴农的强烈愿望,吴觉农赴日本留学,在农林水产省茶叶试验场学习。吴觉农常常衣不解带,目不交睫,如饥似渴地学习当时日本先进的科学技术,搜集和研究世界各产茶国茶的栽培、制造、贸易等方面的史料文献,学业大有长进。

后来,吴觉农看到一些错误的叙述,如英国人勃拉克在《茶商指南》里提及"有许多学者……主张茶的原产地为英国而非中国",易培生在《茶》一书里说到"中国只有栽培的茶树,不能找到绝对的野生茶树",1911年出版的《日本大辞典》里说"茶的自生地在东印度"等等。一股无名之火不由得在吴觉农胸中燃起,他顿足疾呼道:"一个衰败了的国家,什么都会被人掠夺!而掠夺之甚,无过于生乎吾国长乎吾地的植物也会被无端地改变国籍！……在学术上最黑暗、最痛苦的事，实在无过于此了！"

在不忿的情绪平复之后，吴觉农陷入了深深的思考，并着手动笔，一心要写出属于中国和中国人的茶叶之书。经过严密的考证，反复的查阅，吴觉农终于写完了《茶经述评》一书。全书译注通俗易懂，评论言有新意，既肯定优点，又指出不足，同时在理论上以科学说明，又以发展的眼光对茶叶研究提出新课题，为茶叶的进一步研究指明了方向。该书在《茶经》的基础上补充了不少新内容，如茶树原产地、茶叶的传播以及种茶、制茶、饮用等对自唐朝迄今的演变与发展，对中国茶叶从经济到理论均做了全面系统的总结，是一部研究中国古代茶文化的巨作。

吴觉农的一生是为茶奋斗的一生。他最早论述中国是茶

● 明代 文徵明《茶具十咏图》

树的原产地，他创建了中国第一个高等院校的茶叶专业和全国性茶叶总公司，又在福建武夷山麓首创了茶叶研究所，为发展中国茶叶事业做出了卓越贡献。

在专业培育上，吴觉农重视茶叶专业人才的培养。早在20世纪40年代，他在重庆复旦大学与该校教务长孙寒冰等商量成立了第一个高等学校茶叶系，自兼系主任和教授，并邀请了一批有名望的学者专家来授课讲学。

2001年5月，中国茶学界、茶文化界以及有关企业单位发起成立了学术性民间团体"吴觉农茶学思想研究会"，宗旨是团结茶界专家学者和广大的茶人、爱茶人共同探讨与弘扬他的茶学思想，繁荣茶叶经济、茶文化，为社会主义物质文明和精神文明服务。

吴觉农曾说过："我从事茶叶工作一辈子……我的同事和我的学生同我共同奋斗，他们不追求功名利禄升官发财，不慕高堂华屋锦衣玉食……大多一生勤勤恳恳，埋头苦干，清廉自守，无私奉献，具有君子的操守，这就是茶人的风格。"

1989年10月，吴觉农去世，享年92岁。吴觉农毕生从事茶事，是当之无愧的中国当代"茶圣"。

⦿ 蔡 堡

1897—1986

浙江杭州人。我国著名的生物医学家、生物学教育家，我国近代生物学、动物学、组织胚胎学的奠基人之一，为中国生物科学事业的发展和学科人才的培养做出了巨大的贡献。

Cai Bao was born in Hangzhou City, Zhejiang Province. He is a celebrated biomedical scientist, biological educator and one of the founders of Chinese modern biology, zoology and histoembryology. Cai Bao made tremendous contributions to Chinese bioscience development and talent cultivation.

蔡堡

1897年，蔡堡出生在浙江杭州余杭，他小小年纪便忧国忧民，志存高远，1912年在余杭高等小学读书时，便以"列强蚕食风云急，铁血男儿国事伤。欲斫长鲸无利剑，水云深处独徜徉"的诗句来抒发对列强侵华的忧愤之情。

蔡堡毕生从事教育和科学事业，他研究蝾螈生活史近30年，出版专著《东方蝾螈胚胎发育图谱》，填补了国内生物学界的一项空白，他还发表大量关于动物胚胎、蚕体遗传的学术论文，受到生物学界称誉。而最令人啧啧称赞的是蔡堡受命进行生态研究，治理杭州西湖水色曾经变红一事，经过一番努力，终使湖水重新变清，还西湖一片美丽的湖光山色。

1958年，风景如画、美不胜收的碧绿的西湖水，突然变成一片红海洋，整个西湖包括里西湖和外西湖都呈现出一片红色，但舀一碗水，却看不到红色，只是水很混浊，静置大半天，也不会变清。"烟波潋滟摇空碧"常常是人们用来赞美西湖的诗句，但现在却无缘无故地变红，清澈不再了。

"西湖红潮"不仅震惊了杭州市的老百姓，也惊动了

省市和中央领导,"一定要让湖水重新变清"成为上下的共识。作为生物学家的蔡堡受命搞清湖水变红的原因,并尽快让湖水恢复原貌。他带着学生和同事,在西湖

● 《人民的西湖》,丰子恺作

周边实地考察,仔细观察一块块水域,并把西湖水带回实验室中在显微镜下进行观察,发现水中尽是一些纤维样的藻类,没有其他浮游生物。蔡堡派人把水样送到武汉水生生物研究所请该所的藻类专家进行鉴定,确认是一个新物种"西湖纤维蓝藻"。

如何解决"西湖纤维蓝藻"问题?有人提出用药物杀灭,有人提出采用生态平衡的方法杀灭。蔡堡分析了几种方案,觉得用药物杀灭方法,虽然可能见效快,但这么大的一个西湖需要的药物量非常大,同时,使用了药物后,有可能使原来就已生态失衡的西湖生态系统搞得更加复杂。但若采用生态平衡的方法处理,却不知道在西湖中增加何种物种才能使生态链恢复平衡。西湖的历史上,从未出现过这种情况,所以查遍历史资料,也没有现成的答案。

连续几天,蔡堡在西湖周边调研,琢磨解决问题的方

案。一天，他来到西湖南岸的钱王祠附近，无意间看到钱王祠前的两个小水池，忽然眼睛一亮：两个小水池，一个水体是红的，一个却是绿的。仔细观察，发现红水池中水草不多，看不到鱼虾和螺蛳，而另一个绿水池中却长着较多的水草，池壁上爬着一些螺蛳，还有浮游的小鱼小虾。

蔡堡马上从西湖中带回了一瓶红水，并带回了一些水草和螺蛳，回到实验室中。他把西湖红水分成三份：一份放入一些水草，一份放入几个螺蛳，一份什么也不放。第二天，三份水的差异出现了：放入几个螺蛳的一瓶水变清了，另两瓶却还是原来混浊的样子。蔡堡进一步扩大试验，发现放入螺蛳的西湖水，不用很长时间就能使湖水变清。原来小小的螺蛳竟是"西湖纤维蓝藻"的天敌。于是，蔡堡向有关部门提出了解决西湖红水问题的方案：只消在西湖中放入一些螺蛳，就可以使湖水重新变清。这个方案很快被有关部门采纳，在西湖中放养螺蛳约两个星期后，湖水开始变清。不久，西湖重新出现了秀丽的碧波。原来，

有关部门在疏浚西湖时，不仅清除了西湖中的淤泥，而且把湖水中的小鱼小虾等小动物和水草等植物一起清理了，使西湖失去了生态平衡，颜色变红。次年的全国政协会议上，蔡堡作为特邀代表出席，国务院总理周恩来特地向蔡堡举杯致意："我代表政府、代表人民谢谢你们！"

半个多世纪过去了，西湖水清澈洁净，碧波荡漾，再未出现红潮。

1986年4月，蔡堡逝世，享年89岁。

⦿ 罗宗洛

1898—1978

浙江黄岩人。著名植物生理学家，我国现代植物生理学的奠基人之一。他根据植物抗性研究提出建设性的措施，为防止海南岛橡胶树寒害和苏北沿海营造防风林的育苗死苗，做出了卓越的贡献。

Luo Zongluo was born in Huangyan County, Zhejiang Province. He is a notable plant physiologist and one of the founders of Chinese modern plant physiology. Based on plant resistance, Luo Zongluo proposed constructive suggestions. He made excellent contributions to preventing the chilling damage of rubber tree in Hainan Island and to protecting windbreak in coastal regions of Northern Jiangsu Province.

1898年8月2日，罗宗洛出生于浙江省黄岩县。他从小便喜欢大自然，在杭州安定中学读书的时候，有一天夜里，月光皎洁，罗宗洛约了几个同学前往西湖划船，年轻的身影与湖光山色一起荡漾在幽幽碧波之上，好不惬意。他们畅谈人生理想，看树影婆娑，听鸟儿歌唱，兴致盎然，竟忘了

● 罗宗洛

上岸，不知不觉到了凌晨。想着校门也进不去了，就爬上平湖秋月凉亭，在里头和衣而睡。第二天太阳出来，游人看到他们大为吃惊："你们这几个小家伙，怎么可以在这儿睡觉？"他们这才尽兴离开。

自此以后，罗宗洛对杭州的美好记忆便挥之不去。后来，他在中国科学院生物研究所工作，还率团到杭州参观访问，并与浙江农业科学研究所就棉花蕾铃脱落研究建立合作关系，这与年少时的美好记忆是分不开的。

1917年，罗宗洛东赴日本，开始了十余年的留学生涯。1922年，他进入北海道帝国大学农学部农业生物学科植物学分科学习，从这一年开始，他确定了自己一生的研究方向：植物生理学。

1940年，学成归国的罗宗洛来到浙江大学。当时正值抗战，浙江大学在竺可桢校长的带领下一路迁徙，最后在贵州北部的遵义和湄潭落脚。虽是一路辗转，但由于竺可

桢校长一向提倡教授治校,学术自由,校风民主,所以教学事业仍是蒸蒸日上,当时的浙大一度被誉为"东方的剑桥"。在贝时璋、陈建功、苏步青等人的推荐下,竺可桢聘请罗宗洛为浙江大学理学院生物系教授。罗宗洛以极大的热情投入到教学与研究工作当中,几乎每堂课来听课的学生都爆满,连农学院的讲师、助教都慕名前来旁听。

战时物资相当匮乏,但罗宗洛最关心的不是自己的生活条件,而是植物生理实验室的建设。当时办学条件极为艰苦,浙江大学把数里外的唐家祠修缮改造一番,用作实验室。唐家祠地处湄潭荒郊,环境艰苦,没有水,他们只能雇用农民,每天挑水倒进二丈多高的水塔。没有电,只有煤油灯,加热时用酒精灯,这样就只好不断地检查定温箱的温度,以调整热源。此外,由于设备奇缺,消毒、蒸馏水的提取、器皿洗涤等看似简单的操作,都要耗费大量心血。

罗宗洛在浙大主要研究微量元素对植物生长和发育的影响,在那样极端艰苦的情况下,整个团队精诚合作,不断有新的发现——对丝瓜花注射微量元素,能培育无子丝瓜;微量元素还

● 罗宗洛(左)与殷宏章(中)、钱学森(右)会面

能像生长素一样，引起燕麦的胚芽鞘弯曲……这些发现都离不开罗宗洛兢兢业业、严谨刻苦的工作态度和热爱科学、无私奉献的科研精神。

在生活上，罗宗洛对青年学子的关怀也是无微不至。他不止一次地引用巴甫洛夫写给青年的一封信中的内容教育学生："你们想要攀登到科学顶峰，应先通晓科学的初步知识。如果未掌握之前的东西，就永远不要着手做后面的事，永远不要掩饰自己知识的缺陷……"

罗宗洛在浙大时那种迎难而上、身体力行的作风，也一直贯穿他的整个人生。1952年，为了在苏北一带成功培植防风林，罗宗洛亲自率团在苏北沿岸长途跋涉，边调查边考察，分析土壤的含盐量，测定树种的耐盐力，选出耐盐的树种。为了研究植物的抗寒性，也为解决橡胶幼树难挨特大寒潮的问题，他曾多次前往海南岛橡胶园实地考察，有时还要远赴广东、广西等地。在海南工作期间，条

件极其艰苦。1955年3月，他与同事徒步前往海南儋县那大镇，突遇大雨，溪水暴涨，三人携手摸索下水，差点被山洪冲走。

凭借深厚的植物生理学理论功底、渊博的植物学知识以及百折不挠的精神，罗宗洛承担了当时国内薄弱的水分生理和抗性生理研究工作，奠定了这个领域在国内的发展基础，对今后的环境生理和环境保护的科学研究做出了巨大的贡献。他的研究还涉及植物细胞质胶体、无机营养及离子吸收、组织培养、生长物质、辐射生理、细胞生物学等领域，而且在每个领域他都悉心培养了诸多优秀人才，成为学生心中永远的榜样。

1978年10月，罗宗洛病逝，享年80岁。罗宗洛是一位受人敬重的爱国科学家，他在创建和发展我国植物生理学事业方面所做出的多方面功绩，将永远留在人们心中。

◉ 陈 立

1902—2004

湖南平江人。中国现代心理学家，我国工业心理学的创始人和奠基者。他为中国工业心理学科的建立和发展做出了重大贡献。

Chen Li was born in Pingjiang County, Hunan Province. He is a famous psychologist, the originator and the founder of Chinese industrial psychology. Chen Li made great contributions to the establishment and progress of Chinese industrial psychology.

1902年7月，陈立出生在湖南省平江县一个普通手工业者家庭。5岁时，母亲患病去世，父亲让他勉强读完初小。毕业后为生计所迫，陈立小小年纪就外出学手艺。后来，他的小学老师张子谋得知陈立的不幸遭遇，甚为同情，设法给他争取到一个食宿全免的名额，送他到培元小学读书。

陈立对张老师心怀感激，更加勤奋苦读，每天在帮助父亲料理家务后，常常挑灯复习到深夜。后来，他在七省教会学校统考中名列第一，免费升入武昌博文书院读中学。求学期间，陈立阅读了大量原版经典著作及哲学和社会科学书刊，对社会和人生有了新的认识和感悟。由于知识面的拓宽，加上热心公益活动，愿意帮助同学，陈立在同学间威信颇高，被选为博文书院学生会主席，又担任了湖南在湖北求学学生的旅鄂同学会会长。

1919年，五四运动爆发，陈立组织同学上街请愿，从事倾向革命的宣传活动，还在汉口帮助胡石庵创办《大汉报》副刊，介绍新思想，又兼任长沙《湘报》特约通讯员，发表了《科学概论》的译文。从此，陈立就身体力行，积极组织和撰写稿子，一面向国人宣传科学思想，一面向大家介绍外国先进的技术。

20世纪30年代初，为了寻求科学救国之路，陈立留学英国，先后在英国剑桥大学、英国工业心理研究所和德国柏林大学心理研究所从事研究工作，从此就将自己毕生的心血和精力，奉献给了他挚爱的心理学科研事业。

学成回国后，陈立认为，随着国人的科学意识的觉醒，开展心理学的应用和研究十分有必要。于是，1935年，陈立出版《工业心理学概观》一书，这是我国最早的一本工业心理学专著，它系统地论述了工业心理学的基本问题和原理，从组织层面分析了工业心理学的应用领域和理论发展方向，成为我国工业心理学乃至应用心理学理论发展史上的重要里程碑。

● 陈立

1947年，陈立在美国《教育心理学》杂志上发表了《配对测验的校正公式》一文，对沈有乾和祖宾两人繁复的配对测验计算公式进行了纠正和简化。他认为他们设立公式的前提不是从检查知识而是从随意挑选答案出发，因而缺乏对效度的考虑。此外，他在教学中看到学生们使用这个公式有很大的困难，由此引出他要简化公式的想法。为此他提出并改正和简化了公式，这充分反映了他对教学和科研的用心。作为在中国第一个介绍并应用因素分析的心理学家，陈立总觉得自己肩负着把好测验关，防止测验统计滥用的职责。为此，他曾发表过不少文章，对中国心理测验的正应用产生了良好的影响。

陈立在教育上也是勇于创新的改革派。他提出大学智

育的首要任务是传授"工具"。他建议所在的系改革课程，减少一二年级的专业课，先把一般基础打好，包括中文知识与表达能力、外语、数学或统计以及计算机技术。陈立自己率先用英语上课，在专业课教学中，主张改进教科书，让学生直接接触经典原著与学报中的研究论文。他强调高等学校开展科研的意义，认为只有科研上去了，大学教育才能真正把"工具"教给学生。

此外，陈立还主张改变大学教育偏斜于智育的局限，实现"全人教育"。所谓"全人教育"即"整个人的教育"，是顾及并协调个体身心各方面的教育，使之在德、智、体、美、劳各个方面都得到和谐发展，成为身心皆健康的人。

2004年3月，陈立逝世，享年102岁。"会心在四远，不是为高飞。"陈立生前以潘天寿的两句警语自励，默默践行着他的人生诺言。

⊙ 苏步青

1902—2003

浙江平阳人。中国杰出的数学家、教育家，中国科学院院士。他主要从事微分几何学和计算几何学等方面的研究，被誉为"东方第一几何学家"。

Su Buqing was born in Pingyang County, Zhejiang Province. He is an outstanding mathematician, educator and the academician of Chinese Academy of Sciences. Su Buqing focused on researching differential geometry and computational geometry. He is noted as the First Orient Geometrist.

1902年,苏步青出生于浙江省平阳县。父亲苏祖善靠种地为生,其长子叫步皋,次子叫步青,寄寓着"步步高升,平步青云"的希冀。苏步青童年时代放牛喂猪,帮忙干农活。1911年,父亲挑上一担米当学费,带苏步青到100多里外的平阳县第一高等小学当了插班生。祖籍福建的苏步青讲闽南话,不会讲平阳话,当时还不适应县城的学习环境,连续两个学期的成绩都倒数第一,被同学们嘲笑为"背榜"。

1913年,父亲将苏步青送到离家15里远的新开办的平阳县第三高等小学。在地理老师陈玉峰的关心和激励下,苏步青的成绩从此扶摇直上,一路从"背榜"成为了"头榜"。1915年秋,苏步青以第一名的成绩考入浙东南的最高学府——省立第十中学(现为温州中学)。

苏步青原本认为数学太简单,不感兴趣,也不认真学习。直到当时浙江省立第十中学来了一位刚从东京留学归来的杨老师教授数学,苏步青才改变了想法。第一堂课杨老师不是直接教学,而是向同学们做了一番慷慨激昂的演讲,指出为了救亡图存,必须振兴科学,而数学是科学的开路先锋,为了发展科学,必须学好数学。苏步

● 苏步青——东方国度上灿烂的数学明星

青受到极大震撼，从此确立了"读书不忘救国，救国不忘读书"的座右铭。

1919年，刚刚17岁的苏步青在十中校长洪先生的资助下，到日本留学。他连续以第一名的成绩考取东京高等工业学校电机系、东北帝国大学数学系，又于1927年获得直升研究生的资格。1931年3月，苏步青获得东北帝国大学理学博士学位，成为史上第二位取得该校数学博士学位的中国留学生。1931年，他谢绝了国外的高薪聘请，心怀"科学救国"的愿望，毅然决然地回到祖国。

回到浙江大学任教的苏步青，生活条件十分艰苦。面对困境，苏步青的回答是："吃苦算得了什么？我心甘情愿，因为我选择了一条正确的道路，这是一条爱国的光明之路啊！"这就是老一辈数学家那爱国的肺腑之言！

1935年，苏步青参与发起成立中国数学会，被推为《中国数学学报》主编。1949年，苏步青任浙江大学数学系教授、浙江大学教务长，并主持筹建中国科学院数学研究所的工作。

苏步青从事微分几何、计算几何的研究和教学70余载，坚持教育与科研相结合，学风严谨，硕果累累，从1927年起，在国内外发表数学论文160余篇，出版了10多部专著。20世纪40年代，他曾被国际数学界赞誉为"东方国度上灿烂的数学明星"。苏步青创立了国际公认的浙江大学微分几何学学派；他对"K展空间"几何学和射影曲线的研究，荣获1956年国家自然科学奖；他开展的计算几何在航空、造船、汽车制造等方面的应用研究也是成果斐然，做出了巨大贡献。

苏步青文理兼修，一生与诗结缘。他从事诗歌创作的时间长达七十余年，并出版有《苏步青业余诗词钞》

● 1981年5月，苏步青在上海市少年宫和孩子们亲切交流

与《数与诗的交融》。他以诗寄情、以诗会友、以诗言志，诗词里有着苏步青的文人风雅和铮铮傲骨。

2003年3月，苏步青逝世，享年101岁。2003年8月，国际工业与应用数学联合会（ICIAM）决定设立"ICIAM苏步青奖"，奖励与表彰在数学领域对经济腾飞和人类发展的应用方面做出杰出贡献的个人。苏步青把自己的毕生精力无私地奉献给了人民的教育事业，为祖国培养了一代又一代数学人才，是数学界和教育界的骄傲，不愧为一代数学宗师。

⦿ 蔡邦华

1902—1983

江苏溧阳人。著名的昆虫学家、农业教育家，我国昆虫生态学奠基人之一。在昆虫分类学的研究过程中，他发现了150余个新种属，奠定了中国森林昆虫学研究的基础。

Cai Banghua was born in Liyang County, Jiangsu Province. He is a well-known entomologist, agricultural educator and one of the founders of Chinese insect ecology. During the process of studying entomological taxonomy, Cai Banghua found more than 150 new species and laid the foundation for Chinese forest entomology study.

1902年10月,蔡邦华出生于江苏省溧阳县。蔡邦华从小在大自然的怀抱中长大,对动植物怀有极大的兴趣。读小学时,哥哥解剖家蚕,他总在一旁看得津津有味。当他亲眼看到蚕体的内部器官和纤细如丝的神经末梢,非常惊讶,忍不住去亲手摆弄。在南菁中学时,他用自修课桌饲养芋青虫,观察并记录小虫的日常点滴。博物老师见他对昆虫如此入迷,甚表赞扬。在老师和兄长的影响下,蔡邦华抱定了学习昆虫学的决心,立志"以农兴国"。

彼时,溧阳一带蚕桑业兴盛,可是桑树却屡屡遭白蚕(蚕蟥)的毁坏,这让蔡邦华从年少时就已在心底深深植下消灭害虫、保障农林丰收的想法。1920年,蔡邦华随哥哥东渡日本求学时,就带着白蚕标本,到日本四处求教,寻求防治虫害的办法,终于在一位日本教授的帮助和指导下,找到了白蚕确切的学名。

1929年，蔡邦华转入浙江大学农学院任教，从此与浙江大学结下不解之缘。从1939年到1952年，蔡邦华连续担任浙江大学农学院院长，为我国培养了一大批杰出的昆虫学家、植物保护学家。

抗战期间，浙江大学一再搬迁，条件十分艰苦。在颠沛流离中，蔡邦华除了忙于搬迁和教学外，还争取一切时机就地开展科研工作，他对西南山区的昆虫进行了多次实地考察，出版《病虫知识》期刊，以资交流。蔡邦华始终以教书育人为己任，尤其关怀家乡沦陷、远离亲人的学生。因为音信阻绝，好多学生没了经济来源，蔡邦华或给他们派工（抄写讲义等）付薪酬，或帮忙贷款，或是鼓励学生努力学习申请公费生，想尽一切办法解决学生的后顾之忧。在风和日丽的时候，他会带上学生外出郊游，采集昆虫标本，甚至外出开会时，他都会带上捕虫网、采集袋，每次都满载而归。几年下来，蔡邦华采集的昆虫标本数量相当可观，甚至还有众多稀有品种。他曾在贵州湄潭成功举办了一个"昆虫世界"展览会，进行昆虫科普宣传。抗战胜利后，这些标本都被妥善包装运回杭州，至今仍完好地保存在浙大。

每到一个新地方，蔡邦华首先看到的不是风景，不是建筑，而是虫子。他目光敏锐，严谨细致，脚边、草丛中、树叶上，都能发现虫子的踪影。20世纪50年代，蔡邦华还曾带领整个森林昆虫研究室的师生，深入黑龙江带岭凉水沟原始森林，长期定点，全面采集当地昆虫标本。

虽已年近六旬，但蔡邦华仍坚持深入长白山和小兴安岭原始森林，穿过林海，跨过沼泽甸子，风餐露宿，采集标本，进行野外调研。此外，云南、海南、广东、广西、四川等地的林区，也都有他辛勤的足迹。对于一些重要的害虫，他不仅采集标本，还长期饲养，来观察、熟悉和记录它们的生活习性，以获得这些昆虫的第一手资料，并积累了大量有关这些害虫防治的知识。

也许是小时候对白蚕虫害的深刻印象，蔡邦华最初的研究方向就是虫害防治。他从1928年任浙江昆虫局高级技师起，就开始了对螟虫生态学的研究。1930年，他写出《螟虫对气候抵抗性之调查并防治方法试验》一文，为浙江水稻螟虫防治及最后的丰收做出了巨大的贡献。在德国进修期间，他曾对鞘翅目昆虫谷象展开研究，证明在谷象的三个最佳结果（寿命最长、发育最快、繁殖最多）中，繁殖最多是促使害虫猖獗的主导因素，解决了当时生物界争论不休的一大难题，为防治虫害开辟了有效路径，为我国昆虫生态学的创立和发展奠定了坚实的基础。

在松毛虫防治问题上，蔡邦华更是倾注了大量心力。他长年累月深入松树林观察，提出"虫源带"理论，认为向阳山坳的茂密松树林，树种单纯，林下寸草不生，生物群落太过贫乏，导致松毛虫大量繁殖。同时，考虑到各种生物的平衡关系，滥用农药会消灭害虫的天敌（如益虫和鸟类），同时会造成对环境的污染、对人类健康的毁损等不良影响。蔡邦华呼吁政府严格控制化学农药，建议发

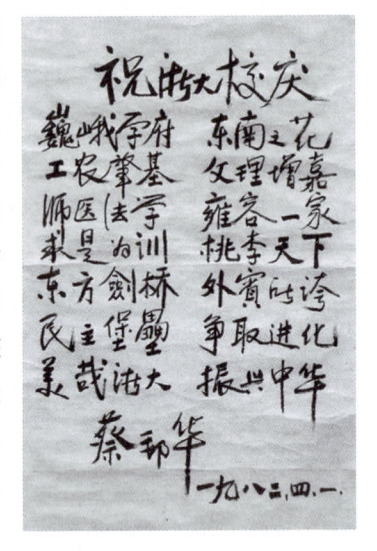

挥生物潜能，综合治理病虫害。与此同时，他还亲自带领助手、学生，深入湖南东安、江西弋阳、安徽滁州等林区，调查不同树林中鸟类、益虫等的种类和数量对松毛虫的抑制作用；探索马尾松毛虫综合治理的途径，建议改造松毛虫发生地的植被结构，营造混交林即乔木、灌木、草被三结合的生态环境，强调自然状态下的天敌作用等，提出了一系列建设性的防治措施，收效甚佳，也为我国森林昆虫学的发展做出了卓越的贡献。

● 蔡邦华为浙江大学校庆题的词

20世纪60年代后，因为白蚁对建筑会造成巨大破坏，蔡邦华开始重点研究白蚁。他结合我国民间防治白蚁的经验，对我国各省常见的上百种白蚁的生活习性进行了调查研究，还亲自到荆江大堤，研究黑翅大白蚁的生物特性和发生规律，提出行之有效的消灭方案。蔡邦华将理论和实践相结合，编写《中国白蚁》一书，主持编写《白蚁志》，撰写了数十篇论文，为防治白蚁提供了坚实的理论依据。

蔡邦华还是我国昆虫分类学的奠基者之一。他在年轻时就开始着手研究昆虫分类的工作。每每读到世界各国用

各自不同语言记载的昆虫分类学，而没有一本是中国人自己写的，他就暗暗下定决心，要完成一本属于中国的《昆虫分类学》，能早日进入世界昆虫分类学的行列。早在日本留学时期，他对直翅目蝗虫的分类就有了细致而深入的研究。在抗日战争期间，浙大师生颠沛流离之时，他坚持对同翅目中的五倍子蚜进行了深入调查，发现了不同五倍子和不同倍蚜的关系，以及各种倍蚜的形态特征及其中间宿主，为人工培养五倍子探索了一条有效途径。此外，他对鳞翅目中的松毛虫、等翅目中的白蚁（我国已知的百余种白蚁中，有半数以上是蔡邦华等定的新种）、鞘翅目中的谷象更是做了长期的调查与研究。蔡邦华为我国昆虫分类增添了新属、新亚属、新种团、新种和新亚种共150个以上。

蔡邦华数十年如一日，跋山涉水，用心观察，以翔实细致的文字记录和精准生动的线条描绘，最终完成了厚重的《昆虫分类学》（上、中、下三卷）一书。这是我国几十年来最全面、最系统的一部昆虫分类学专著，更是我国昆虫理论研究的里程碑。1983年8月，蔡邦华逝世，享年81岁。蔡邦华毕生致力于实验生态学、农业昆虫学和农业教育，他那严谨治学的科研态度，为国为民的正义之气，为农为林的拳拳之心，永远值得我们学习和敬佩。

◉ 贝时璋

1903—2009

浙江宁波镇海人。生物学家，中国科学院院士。中国细胞学、胚胎学的创始人之一，中国生物物理学的奠基人。一生致力于我国生物物理学的发展，为中国生命科学事业做出了杰出的贡献。

Bei Shizhang was born in Zhenhai County, Ningbo City, Zhejiang Province. He is a notable biologist and the academician of Chinese Academy of Sciences. Bei Shizhang is famed as one of the originators of Chinese cytology and embryology. He also laid the foundation for Chinese biophysics. Bei Shizhang dedicated his lifetime to the development of Chinese biophysics and made outstanding contributions to Chinese bioscience progress.

贝时璋

1903年10月，贝时璋出生在浙江省镇海县憩桥镇上。贝时璋从小喜欢读书，因父亲在汉口谋生，中学就读于汉口德国人办的德华中学（用德语上课），这使贝时璋的德文有了一定的基础。有一次，他在书店里看到了一本德文版的科普读物《蛋白体》，读后爱不释手，从此对生物学产生了浓厚的兴趣。

中学毕业后，贝时璋于1922年3月来到当时的世界生物科学中心德国，考入图宾根大学，研究无脊椎动物细胞常数和再生及个体发育。他选定一种长在醋里的线虫——醋虫作为实验材料，成天泡在实验室里，仔细观察、分析，与书本、仪器及实验对象为伍。贝时璋经过不懈努力，历时整整6年，终于发表博士论文《醋虫的生活周期》，显示了他在生物学研究方面的非凡才华，得到了德国生物学界的高度评价，学校授予他自然科学博士学位。德国一名著名生物学家还向贝时璋的

● 贝时璋为中学生介绍胰岛素空间结构

● 1993年，贝时璋（左二）指导青年人做实验

导师发来贺信，祝贺他培养了一名富有才华、潜力巨大的生物学人才。

1929年，贝时璋放弃了在德国图宾根大学当助教的优厚待遇，回到祖国，于1930年8月任浙江大学生物系副教授，

● 1980年，贝时璋(右一)在给研究人员讲解细胞重建图片

创建生物学系并任系主任，提出以发展实验生物学为主要方向。

在教学实验之余，贝时璋经常深入野外观察自然界的动植物。1932年春天，他在杭州松木场的稻田中发现了甲壳类动物丰年虫的中间性个体，研究其中间性类型、性转变和生殖细胞的重建，发现细胞不仅可以通过分裂增殖，而且也能以卵黄颗粒为基础或细胞质为基地重建，进而提出"细胞重建"理论，这是生物学界的一个伟大发现。然而自1871年以来，在细胞学说领域，细胞分裂被奉为"金科玉律"。长达百年的时间里，生物学界一直认为，细胞是以分裂方式繁殖增生的，并且这是其繁殖的唯一途径。贝时璋提出的"细胞重建"假说，无疑是向传统的"细胞分裂"观念发起了挑战。后来由于抗日战争爆发等多重原因，贝时璋的科研工作被迫中断，直到1970年，细胞重建的研究才得以恢复。当时，贝时璋在中国科学院组建了有数十人参加的细胞生物学研究组，研究对象还扩大到鸡的

胚胎、鼠的骨髓以及微生物的沙眼衣原体等。这次系统的研究，不仅证明了贝时璋原先的研究成果，还进一步提出了一系列的新发现，如染色质一直被认为是细胞核所独有，而这一

● 2003年，百岁老人贝时璋依然在进行科研工作

次新发现卵黄颗粒内也存在染色质，这是科学上的首次发现，意义重大，1978年3月德国图宾根大学授予贝时璋第二个自然科学博士学位，以表彰他在科研领域做出的杰出贡献。

1988年，贝时璋出版《细胞重建》一书，将尚未发表过的24篇研究论文集中发表。由于这些论文中包含多项世界一流水平的成果，1988年3月，德国图宾根大学第三次授予贝时璋自然科学博士学位，人们笑称他为"金博士"。

2003年3月，贝时璋荣获博士学位75周年之际，也是他百岁华诞之年，德国图宾根大学第四次授予他自然科学博士学位。

贝时璋的光辉典范一直

● "业精于勤，行成于思"，贝时璋一生都践行着这一座右铭

● 贝时璋题词：为生命科学发展努力奋斗

是德国图宾根大学的骄傲，也是浙江大学师生和校友的荣光。2008年3月，在贝时璋获得博士学位80周年之际，德国图宾根大学第五次给这位德高望重的国际知名学者加冕博士学位，这在世界高等教育史上是绝无仅有的。为此，德国多家媒体报道了贝老的光辉事迹，并纷纷向图宾根大学最年长的贝博士致以崇高的敬意。

2009年10月，贝时璋逝世，享年106岁。贝时璋曾说，他是在"用自己的生命研究生命"，这句话无疑是他一生献身生命科学的真实写照。但他那生命不息奋斗不止的献身精神，仍将鼓舞生物物理学研究人员在科学的征途上不懈探索；他那谦虚谨慎、爱国奉献的崇高品格，仍将永远激励后人为中华民族的振兴而努力奋斗。

⦿ 王淦昌

1907—1998

江苏常熟人。核物理学家、中国科学院院士，中国核科学的奠基人和开拓者之一。"两弹一星功勋奖章"获得者，科研成绩斐然。

Wang Ganchang was born in Changshu City, Jiangshu Province. He is an outstanding nuclear physicist, the academician of Chinese Academy of Sciences. Wang Ganchang is also regarded as one of the founders and pioneers of Chinese nuclear science. Wang Ganchang was granted the Two Bombs and One Satellite Merit Medal Award for his brilliant achievements on scientific research.

爱因斯坦曾说过："第一流人物对于时代和历史进程的意义，在其道德品质方面，也许比单纯的才智成就还要大。"王淦昌就是这样一位无私的人，他用自己崇高的精神和人格感召着一代又一代年轻的科研人员，牢记使命，勿忘初心。

1961年4月3日，刚刚从苏联回国不久的王淦昌接到了第二机械工业部的一纸通知，中央希望他参加中国的核武器研究，他放弃自己的基本粒子研究方向，改做他不熟悉但是国家迫切需要的应用性研究。最后，有关人员问他是否愿意改名，王淦昌毫不犹豫，当即写下了"王京"两个字，掷地有声地说："我愿以身许国。"这句话并不是什么豪言壮语，它意味着，在以后的若干年中，不能在世界学术领域抛头露面，不能交流学术成果，不能获得最前沿的科技信息，不能按照自己的兴趣进行科学探索，更不要说实现自己成为世界顶尖科学家，摘取诺贝尔桂冠的梦想了。

从此以后，王淦昌在中国科学界消失了整整17年。他背井离乡、隐姓埋名，断绝一切与海外的联系，以极大的热情投入到核武器的研制工作当中。家人和他通信就用"王京"这个名字，地址是某某信箱，什么单位、在哪

● 1991年11月，王淦昌回浙江大学做客

里工作一概不知。他的妻子嗔怪地对孩子们说：你们的爸爸调到信箱里去了。

为了研制原子弹，王淦昌率领科研人员在荒无人烟、与世隔绝的西北戈壁滩和罗布泊沙漠深处，潜心探索原子世界的奥秘。1964年10月16日，我国独立研制的第一颗原子弹爆炸成功，从此拥有了捍卫祖国的强大武器。

● 中国第一颗原子弹爆炸成功

1964年12月，王淦昌独立提出激光驱动核聚变的建议，中国激光核聚变研究开始起步。1967年6月，氢弹爆炸成功，中国成为世界上继美国、英国、苏联之后又一个拥有氢弹的国家。王淦昌也为自己在中国科技史上留下了浓重的一笔。周恩来总理曾经说过："王淦昌同志是我们中国人民的'宝贵财富'，是我国核事业的希望……"

王淦昌在20世纪60年代极端艰苦的条件下，在研制核武器方面仍取得了不朽的科研硕果。他脚踏实地、坚持不懈的奋斗精神，就是在浙江大学教学时培养锻炼出来的。

1936年9月，王淦昌应浙江大学校长竺可桢邀请，到浙江大学物理系任教授。1937年7月7日，抗日战争全面爆发。4个月后，日军在距杭州120千米的金山卫登陆，浙江大学被迫向建德迁徙，从此踏上了4年艰难困苦的迁徙历程。有时在庙宇里上课，王淦昌就把实验仪器摆在神台上，让学生做实验；遇到敌机空袭，就分散到田野或树林里躲避；当发现日军逼近时，就再一次收拾书籍和仪器西行。艰难跋涉1000多千米后，浙大师生们终于到达广西宜山。尽管路途艰辛，但师生们一安顿下来，就马上复课。为了争分夺秒弥补缺失，王淦昌加大授课量。没有像样的教室，教室里也没有桌椅，王淦昌就站着讲课，学生们站着听课。根据抗战的需要，王淦昌还新开设了"军用物理课"。在这样艰苦的环境中，王淦昌也没有中断科学研究。对科学家来说，查阅科学文献是关注国际上研究新动向的主要途径。浙江大学订阅了大量的国外期刊，但由于受战争影响，并不能总是如期到达。订阅的国外期刊，要绕道越南，进入广西，才能送达学校，但往往已滞后半年之久。每次期刊一到，王淦昌便如饥似渴地阅读，怀着极大的兴趣了解国际科研新动向。王淦昌的学术思想极为活跃，由于缺少实验设备，每每有对前沿科学问题有了新的见解，他就做些"搭桥"工作，向别人提出实验建议，条件可行的，就亲自动手进行实验验证。虽然校舍所在地偏远封闭，却也为王淦昌提供了安心教学和思考的空间。在那里，他取得了享誉世界的科研成果，在国内外学术刊物上发表了9篇

● 1991年11月，王淦昌在浙江大学物理系做报告

具有重大影响的论文，其中就有他早期最著名的学术成果《关于探测中微子的建议》。

在浙大任教20年来，王淦昌桃李满天下，现在享誉海内外的李政道、叶笃正等科学家都是他的弟子。在国防科研领域，他言传身教，影响和造就了一大批科技人才，周光召、邓稼先、于敏、陈能宽、程开甲、杜祥琬、胡仁宇、胡思得、唐孝威、吕敏、丁大钊、王乃彦、贺贤土……这些在各自领域中闪闪发光的名字，都曾在他的直接指导下得到成长。

1998年12月，王淦昌逝世，享年91岁。"云山苍苍，江水泱泱，先生之风，山高水长。"王淦昌以国家利益为上，坚持真理、不断求索、谦逊严谨、不计得失的高尚品格和美德，必将成为人们心中永远的楷模和不朽的精神力量，感召着一代又一代科技人员专注于事业，超越过去，为我国核科学技术的持续发展做出更大的贡献。

2003年，国际小行星命名委员会把一颗永久编号为14558的小行星命名为"王淦昌星"，从此，在浩瀚的宇宙当中，王淦昌拥有了一个永恒的位置。

⦿ 王季午

1908—2005

江苏苏州人。传染病学家和医学教育家。对中国传染病的防治研究成绩卓著,是中国编著传染病防治教材事业的奠基者。在几种中国常见的传染病与寄生虫病的防治工作中,做出了杰出的贡献。

Wang Jiwu was born in Suzhou City, Jiangsu Province. He is a celebrated epidemiologist and medical educator. With significant achievements on prevention and cure research of Chinese contagion, Wang Jiwu laid the foundation of compiling Chinese infectious diseases textbook. He made outstanding contributions to the prevention and treatment of common infectious diseases and parasitic disease.

王季午

说起王季午，中国的传染病学界几乎无人不知。他是我国传染病学界泰斗，著名的内科学、传染病学家和医学教育家。

1908年6月，王季午出身于江苏苏州的书香门第，他自幼聪颖，成绩优异。童年时，最疼爱他的妈妈死于伤寒，姨母不幸死于肺结核。他自己也多次患上疟疾，虽然有惊无险，但一连串的遭遇促使他下定决心做一个医生。少年时代，王季午目睹上海西藏路时疫医院的病人在死亡线上挣扎的情景和江南水乡血吸虫病人的惨状，触动极大，发奋要成为一名济世救人的医生。1934年，王季午从协和医学院获博士学位后，留校从事医疗、科研工作。正是在这个时候，他选择了内科作为终身专业，并以传染病作为专业方向。

谈到传染病，很多人都会退避三舍。而王季午不同，他偏偏对各类传染病"情有独钟"。他喜欢寻找"病毒"，从而鉴别疾病类型。在协和医院实习的时候，有些疾病的病原体，别人找不到，王季午却能找到。比如，要在结核性脑膜炎患者的脑脊液和胸膜炎患者的胸水里找到结核杆菌，操作起来有很大的难度，王季午不怕困难，不厌其烦，一次次地在一张张玻片内寻找，直到找到为止。他发现推血片查找疟原虫时，将推片推到载玻片一端，并将推片一端稍微提起来一点点，使推片与载玻片之间角度变大一点，就可以让比重较高的疟原虫集中在载玻片边缘，很容易被发现，检出疟原虫的阳性率也就大大提高了。

20世纪30年代初期，黑热病在中国是一种高发的传染病，很多病人由于得不到早期诊断和治疗，饱受痛苦，甚至死亡。当时对于黑热病的诊断，是靠脾脏和骨髓穿刺寻找病原体的，操作既繁琐又危险，病人也痛苦。为了寻找一种简便而安全的早期诊断方法，王季午根据黑热病病原体利杜体存在于体内各种含有网状内皮细胞的组织和器官的特点，经过反复试验，终于成功地用穿刺周围肿大的淋巴结和检查人体周围血液巨噬细胞的方法，找到黑热病的病原体——利杜体，从而宣告了一种崭新的诊断方法的诞生。当时治疗黑热病的特效药物尚未问世，他通过对锑剂的动物实验研究，比较了国内外各种锑剂药物的毒性和疗

● 浙江大学医学院樱花园

效，证实了新斯锑波霜等锑剂为当时最有效的抗黑热病药物，奠定了国产葡萄糖酸锑钠为最有效的抗黑热病药物的基础。

1952年，浙江临海的很多农民得了一种发高热的、黄疸出血性的流行病，很多病人不治而亡。王季午亲临现场，发现这些发烧的病例可能是钩端螺旋体病。他和同事们对尸体进行解剖，终于在人体肾组织切片内及尿、血和脑脊髓中找到并分离出病原体钩端螺旋体，获得纯培养，从而证实了钩端螺旋体病在浙江省的流行，这在当时国内属首次发现，意义重大。

1954年，许多志愿军战士患肺吸虫病，王季午与徐纪发、周学章等专家在1955年成功地采用氯喹与吐根碱合并疗法为患者治病，获得了巨大成功。这一疗法是当时最有效的治疗方法，被全国各地推广应用。也是这一年，在衢州造飞机场的许多工人发了高烧。王季午来到现场，细心排查，终于确诊是肺吸虫病，而且发现其实浙西地区也已流行急性肺吸虫病。王季午由此和工作组及时制定措施，使疫情在当地得到了有效的控制。

王季午对我国医学教育事业的发展也做出了巨大的贡献。抗战胜利后，教育部确定浙江大学增设医学院，校长竺可桢竭诚邀请王季午负责筹办，王季午不辞辛劳，奔波于上海、南京，申请教学、医疗、科研仪器设备，还从全国各地聘任了一批知名教授担任教师。他十分重视教学质量的提高，录取新生严格挑选，宁缺毋滥，将学制定为7

年，学生入学后即加强数、理、化、生物、英文等基础课的教学，实行学分制，提倡学生自学，鼓励独立钻研，学生还可跨院系选课。在王季午等人的齐心努力下，浙大医学院在教学和医疗质量上均具有较高水平，深得社会赞赏，所培养的学生，以思路宽广、基础扎实、学风严谨著称。

2005年6月，王季午逝世，享年97岁。王季午为我国的医学教育事业和传染病防治研究奋斗了70余个春秋，一代又一代的医界人才在他的培育下勇攀医学高峰，他们不仅活跃在医疗、教学、科研第一线，而且将王季午开创的严谨求实、团结合作、刻苦钻研的优良传统秉持、延续下来，传承给一代又一代莘莘学子，继续为中国医学事业的发展进步贡献力量。

⦿ 朱壬葆

1909—1987

浙江金华人。生理学家、放射生物学家和医学教育家。中国科学院院士，中国造血干细胞实验研究的创始人。

Zhu Renbao was born in Jinhua City, Zhejiang Province. He is a distinguished physiologist, radiobiologist, medical educator and the academician of Chinese Academy of Sciences. He established the experimental study of the hemopoietic stem cell.

英国爱丁堡大学图书馆旁有一面墙,上面镌刻了一个中国人的名字,那就是著名生理学家朱壬葆。他是中国最早从事放射生物学的研究者,他主持进行的空胃运动和消化运动的规律及其神经机制研究、出血性和烧伤性休克研究、放射性病的基本性质和发病机理研究等,均获得了重大成就,令世界为之瞩目。爱丁堡大学为了表彰朱壬葆对医学研究尤其是血液学方面的巨大贡献,特地将他的名字铭刻在那面墙上。朱壬葆的名字和形象永远地留在了爱丁堡大学美丽的校园,他的名字前,经常

● 年轻时的朱壬葆

●1939年,在英国爱丁堡动物遗传研究所,朱壬葆(后排右八)与实验室同事合影

有人驻足、缅怀。

1909年2月，朱壬葆出生于浙江金华岭下朱一个农民家庭。1928年毕业于金华高中师范科后，他考入浙江大学教育系，后转到心理系学习，于1932年到1936年在浙江大学做生物学系助教。朱壬葆与爱丁堡大学有着不解之缘，爱丁堡大学是朱壬葆曾经求学、做研究的地方。1936年，朱壬葆在浙江大学贝时璋教授的鼓励下，以浙江大学第一名的成绩考取了"庚子赔款"留学生。朱壬葆到英国爱丁堡大学开始生理学研究工作后，几乎把所有的精力都用在了科研和学习上，非常刻苦努力。他不但常常能超前完成交给他的科研工作，而且还能提出新想法、新思路，并根据自己的设想把研究迈进一大步。朱壬葆在英国爱丁堡大学的两年中，在格林伍德博士领导下研究甲状腺和性腺对家禽的羽毛和卵巢功能的影响。1938年，朱壬葆顺利拿到了英国爱丁堡大学的哲学博士学位，导师们都对这个敦厚朴实的中国小伙子印象深刻，称赞有加。

毕业之后，朱壬葆毅然回到祖国的怀抱。当时，在国际形势十分严峻的情况下，成立一支属于自己国家的军事医学"特种部队"势在必行。1951年，中央军委决定在上海筹建军事医学科学院，朱壬葆义不容辞，愿意发挥自己

● 1956年，朱壬葆在家学习

特长，为我国的国防事业出一份力。

1951年8月1日，军事医学科学院在上海宣告成立。被誉为"内分泌专家"的朱壬葆，割舍了自己从事了十多年的内分泌研究事业，埋头忙碌起生理系的筹建工作。天降大任于斯人也！朱壬葆负责研究原子武器的医学防护问题，研制预防放射病药物为主的一系列防护措施和手段。面对国家需要，朱壬葆舍弃了自己熟悉的生理学界，心甘情愿步入一个隐姓埋名的科研世界里。

为尽快拿出抗放射药物，在规定时间完成艰巨的任务，朱壬葆和全体科研人员在实验室不知度过了多少个不眠之夜。由于国防科研工作带有保密性质，妻女只是觉得朱壬葆每天有忙不完的工作，却无人知晓他到底在做些什么。时至今日，女儿朱安琪如此形容父亲的工作纪律："看在眼睛里，记在脑子里，烂在肚子里。"

1963年，随着原子弹研制工作的突破性进展，朱壬葆带领着大家经过一次次讨论、论证，最后经部分科研人员以身试药，终于取得一致的看法。至此，作为我国第一代抗防辐射药物的研制过程正式宣布完成，引起国际医学界广泛关注。

● 1987年7月，朱壬葆在英国爱丁堡参加第八届国际辐射生物学学术会议

1987年，已经78岁高龄的朱壬葆再次来到阔别50年的英国爱丁堡大学，参加第八届国际辐射生物学学术会议。会上，朱壬葆宣读了他与自己的研究生裴雪涛合写的关于造血干细胞体外培养的研究论文，引起国内外同行们的广泛关注。鉴于中国科学家尤其是朱壬葆在这一领域所取得的巨大成就，大会决定下一届的国际辐射生物学学术会议在中国举行，由朱壬葆担任大会执行主席。

另人遗憾的是，没等到大会召开，1987年10月，朱壬葆就去世了。为了纪念朱壬葆，爱丁堡大学把他的名字镌刻在校园的那面墙上，让后来的科研工作者可以永远记住这个中国科学家的名字。

◉ 周廷儒

1909—1989

浙江杭州富阳人。中国地貌学家、地理学家、中国科学院院士。为了研究中国古地理，周廷儒曾远赴天山南北与塔里木盆地、塔里木河等地进行实地科学考察，为中国新生代古地理学的发展奠定了基础。

Zhou Tingru was born in Fuyang District, Hangzhou City, Zhejiang Province. He is a well-known geomorphologist, geographer and the academician of Chinese Academy of Sciences. In order to study Chinese ancient geography, Zhou Tingru went to the Tianshan Mountain, Tarim Basin and Tarim River to conduct field investigation, laying the foundation for Chinese cenozoic paleogeography development.

周廷儒

1909年2月，周廷儒出生于浙江省新城县（今杭州市富阳区新登镇）。青年时期的周廷儒，生活在军阀混战、民不聊生的苦难岁月中。虽然生活贫穷拮据，但他学习勤奋努力，学业优秀。时值广州中山大学地理系在浙江招生，周廷儒以优异的成绩独占鳌头，考进了这所名牌高等学府。在外国专家克雷德纳和国内著名的地质学家朱庭祜教授的亲自指导下，周廷儒经常进行野外实习。在大学的四年学习中，他先后考察了广东、广西的很多地方，特别是南岭和华南沿海海岸一带。

周廷儒研究的古代地理，距今时间遥远，如古生代距今有5亿年，新生代距今有6500万年。为什么要研究古地理？周廷儒说，他在长期从事地貌、区域自然地理的考察和研究中发现，现代地表自然界的每一个特征，都有一定的发展历史，如果不去查明其演变的历史过程，要想了解现代自然界规律是不可能的。只有了解过去，才能更好地知道现在；而只有了解现代自然地理，才能为预报将来的发展方向提供依据。因此，研究古地理更重要的是为了预测未来。这种预报对于人类改

● 1950年，周廷儒（右一）在回国的邮轮上

造自然征服自然有非常重要的作用和意义。

周廷儒在研究中国古地理的过程中，发现当时中国的古地理研究成果集中展示在1955年出版的《中国古地理图集》中。

● 周廷儒在工作

但当时的学者只研究到距今2.4亿到2.1亿年前的三叠纪，因缺少地质时代的资料而无法继续研究，距今更近的新生代古地理研究尚属空白，而国际上对新生代古地理研究已走在前面，如俄罗斯学者擅长研究新生代特别是第四纪的古地理图；法国学者精心绘制的北非古地理图，是以干旱与湿润的分布变化为主要内容；最为深入、细致和有特色的古地理图，当推美国的布朗大学韦布所做的美国东植被演替图。但当时要在中国找一份可供地学工作者参考的新生代古地理资料实在是一件难事。中国古地理研究学术界都希望能看到中国自己研究和绘制的新生代古地理图，这对于中国地质界、地理界来说是一项光荣而艰巨的任务。

作为一个地理学家，周廷儒深感责任和义务之重大。那么如何揭示中国新生代古地理的面貌呢？周廷儒认为，在第三纪和第四纪时期，自然界给我们遗留下来许多和现代有关的痕迹。通过观察和对比，再应用综合的观点和专门的方法，如岩性分析、生物化石特征分析、重力计算、

重力测量、古地磁和孢子花粉分析等综合鉴别，来重建地球历史时期的地理环境，就能全面而客观地了解新生代古地理的面貌。

●周廷儒（中）在野外考察

为了重建新生代的古地理环境，1956年至1959年，周廷儒参加了中国科学院组织的新疆综合考察队。考察第一年，周廷儒登上阿尔泰山的南坡，两次穿越古尔班通古特沙漠，又考察了天山北麓玛纳斯河山前等地区；第二年考察了天山山脉，到了哈密及山南山北很多地方，主要考察了地貌、冰川、冻土、草场资源、山前地带等水系情况，其中重点考察了伊犁河谷地带和大小尤尔多斯盆地；第三年周廷儒亲自带队考察了塔里木河中游的河道变迁，共同写出了论文《新疆塔里木河中游的变迁问

题》；最后一年，周廷儒又对昆仑山区的地貌、冰川、火山等问题进行了研究，在总结考察成果的基础上，主编了《新疆地貌》一书。

周廷儒根据实地考察所得的资料和已经掌握的少量的史料，进行了深入细致的研究，逐步推断新生代的地理环境，完成了《古地理学》《中国的地形和土壤概述》等专著，还撰写了《中国第四纪古地理环境的分异》《新生代以来中国自然地带的变迁》等数十篇学术论文。

1989年7月，周廷儒逝世，享年80岁。他的地理成果和严谨的治学精神将被传承下去，使其学术精神永葆青春。

● 周廷儒（左）野外工作照

⊙ 谈家桢

1909—2008

浙江宁波人。国际著名遗传学家，杰出的科学家和教育家，中国现代历史上遗传科学的重要奠基人，对中国遗传学的研究做出了巨大贡献。

Tan Jiazhen was born in Ningbo City, Zhejiang Province. He is a worldwide notable geneticist, scientist and educator. As the important founder of Chinese modern history of genetics, Tan Jiazhen made tremendous contributions to Chinese genetic study.

1909年9月，谈家桢出生于浙江宁波慈溪县慈城。他高中毕业后，被保送至苏州东吴大学，主修生物学，获理学士学位。1930年8月，谈家桢被推荐至燕京大学攻读硕士学位，师从李汝祺教授，毕业后回东吴大学执教。

1934年9月，谈家桢赴美国加州理工学院攻读博士学位，师从现代遗传学奠基人摩尔根及其助手杜布赞斯基。在美国工作期间，谈家桢从事果蝇进化遗传学研究，利用当时研究果蝇唾腺染色体的最新方法，分析了果蝇近缘种之间的染色体差异和染色体的遗传图，促进了"现代综合进化论"的形成，先后单独或与美、德等国科学家合作发表研究论文10余篇。谈家桢刻苦

● 谈家桢题词

● 20世纪50年代，谈家桢（左）在进行细胞观察工作

治学的精神和优异的成绩给导师和同事留下了深刻的印象，导师盛情邀请他留下来继续从事遗传学的研究。但是，"科学救国"的志向使谈家桢坚定了返回祖国的决

● 1978年，谈家桢在上海细胞生物学研究所做遗传工程学术报告

心。1937年8月，谈家桢放弃国外优厚的待遇，毅然回国，来到浙江大学生物系任职，1951年任浙江大学理学院院长。

谈家桢为我国遗传学的发展做出了重要贡献，特别在果蝇种群间的遗传结构的演变和异色瓢虫色斑遗传变异研究领域，他取得了一系列开拓性的成就，他先后发表了百余篇研究论文，为奠定现代进化综合理论提供了重要论据。1993年9月28日，由国家自然科学基金委员会生命科学部组织的以谈家桢教授为组长的专家组，在上海论证并通过了《中华民族基因组中若干位点基因结构的研究》重大项目之后，宣布中国人类基因组研究正式启动。

谈家桢从事遗传学教学和研究70年，是一位桃李满天下的教育家，他不仅有丰富的教学经验，而且具有高尚的思想情操。他认为只有把基础打好了，在实践中才能较快地具有较强的适应能力和独立工作能力。他先后教授过普通生物学、脊椎动物比较解剖学、胚胎学、遗传学、细胞学、实验进化学、细胞遗传学、达尔文主义、辐射遗传学、原生动物学等课程，为遗传学研究培养了大批优秀人才。

2008年11月，谈家桢逝世，享年99岁。为纪念谈家桢，国家科技部批准设立"谈家桢生命科学奖"，旨在促进我国生命科学研究成果产业化，激励生命科学工作者不断创新，锐意进取。

● 谈家桢夫妇

◉ 汪 猷

1910—1997

浙江杭州人。有机化学家、生物有机化学家、中国科学院院士。汪猷是中国抗生素事业的开拓者，参与领导人工合成牛胰岛素的研究，为中国有机化学事业的发展做出了巨大贡献。

Wang You was born in Hangzhou City, Zhejiang Province. He is a noted organic chemist, bioorganic chemist and the academician of the Chinese Academy of Sciences. As the pioneer of Chinese antibiotics industry, Wang You took part in leading the research on synthetic bovine insulin. Wang You made great contributions to the development of Chinese organic chemistry.

汪猷，字君谋，1910年6月生于杭州。汪猷的父亲在浙江从事测量和盐务等工作，汪猷从小深受家庭影响，喜爱自然科学。1921年，他考入浙江省立甲种工业学校（浙江大学前身之一），就读于应用化学系，从此与化学结下了不解之缘。

汪猷毕业后经学校推荐，到协和医学院做研究生后转做研究员，师从我国著名生物化学家吴宪，研究性激素的生物化学，曾使用问世不久的瓦堡微量呼吸器测定男性激素对正常鼠和阉鼠的各部器官的影响。1935年，汪猷赴德国慕尼黑大学化学研究所，在著名化学家、诺贝尔奖获得者维兰德的指导下当研究生。

1937年冬，汪猷获慕尼黑大学最优科学博士学位。之

● 汪猷（后排中）与科研团队在中科院有机所门前合影

后，他又去海德堡威廉皇家科学院医学研究院化学研究所任客籍研究员，在著名化学家、诺贝尔奖获得者库恩指导下进行藏红素化学的研究，合成了十四乙酰藏红素，这是当时分子量最大的有机化合物。

1942年4月，汪猷进入上海丙康药厂，他刻苦学习微生物学、发酵等方面的知识，决心在中国开拓抗生素研究的道路。不久，汪猷对霉烂的橘子表面的烂毛发生了兴趣。经过几年的研究试验，他克服种种困难，终于从橘子果皮上生长的一类霉菌中成功分离得到一种新型的抗生素——"橘霉素"，并撰写了橘霉素的相关论文。该论文于1947年在美国著名杂志《科学》上发表，引起学术界的广泛关注。

新中国成立后，在党和政府对科学研究事业的重视下，汪猷对橘霉素的结构、合成、生物作用、毒性和药理等方面进行更加系统的研究，取得了丰硕的成果。他积极倡导和组织抗生素的研究发展，促进了我国医疗保健事业的发展，使我国抗生素研究发展进入鼎盛时期。

上世纪60年代开始，汪猷先后开展了生命基础物质——蛋白质、核酸、多糖的研

● 1955年12月，汪猷在全国抗生素学术会议上做报告

究，以及有机催化、生物催化、石油发酵和单细胞蛋白生产、模拟酶化学、生物合成等研究。他参与并领导了人工合成牛胰岛素的研究和天花粉蛋白化学结构和应用研究。他的研究活动几乎包括了这一时期我国生物有机化学的全部内容，这些研究都以出色的成果载入了我国有机化学发展史册。

多年来，汪猷总是早起晚睡，孜孜不倦，每天都工作到深夜，科学研究就是他的全部生活，也正是凭借着为科学献身的精神，他才能取得如此丰硕的科研成果。

汪猷还文理兼修，酷爱写诗，借以叙情记事，抒怀言志，并且爱护青年，提携后学。他曾推荐多人出国，为研究所的业务骨干创造了许多留学、进修的条件，但却从未为自己学化学的女儿写过一封推荐信，提供过任何出国的机会。当有人问他为什么不安排自己的女儿出国时，汪猷回答："出国学习要靠自己的努力去争取，如果我先给她联系，那在研究所里我还怎么执行好国家的政策？"汪猷就是这样一位严以律己、不谋私利的优秀学者。

1997年5月，汪猷逝世，享年87岁。

◉ 许宝騄

1910—1970

浙江杭州人。数学家，我国概率统计事业的奠基人，在参数估计理论、多元分析、极限理论等方面均有开创性成就，是多元统计分析学科的开拓者之一。

Xu Baolu was born in Hangzhou City, Zhejiang Province. He is an excellent mathematician. As the founder of Chinese probability statistics, he made pathbreaking contributions to parameter estimation theory, multivariate analysis and theory of limit, Xu Baolu is noted as one of the pioneers on multivariate statistical analysis.

许宝䯅自幼聪明颖悟，通读四书五经，涉猎四史及古文辞。许宝䯅的兴趣爱好也十分广泛，如文学、昆曲、二胡、桥牌等，他都感兴趣，11岁时还写过以《花生姻缘》和《神花》为题的文言小说。他擅长书法，临摹的小楷古朴神似，为俞平伯手写的《古槐书屋词》曾被刻版印行。许宝䯅11岁开始学习英文，两年后就能写短文与会话。除了课堂上学的英语外，他还自学了德语与法语。可以说，扎实的中英文功底、渊博的知识和广泛的兴趣爱好为许宝䯅日后的科研道路打下了坚实的基础，奠定了成功的基石。

1925年，为了考中学，北京大学教授吴缉熙给许宝䯅讲授代数、几何及三角问题，由此引发了他对数学的兴趣，他的数学天分也开始显露出来。1930年，许宝䯅考入清华大学数学系，在读书期间立下了要发愤图强，对人类知识有所添砖加瓦的抱负。1936年，他成功通过赴英公费留学的考试，同年赴伦敦大学学院学习数理统计，并获得哲学博士和科学博士学位。当时的伦敦大学学院是世界公认的数理统计研究中心，现代数理统计学的奠基者费歇、耐曼和皮尔逊等都在那里工作，吸引了来自世界各

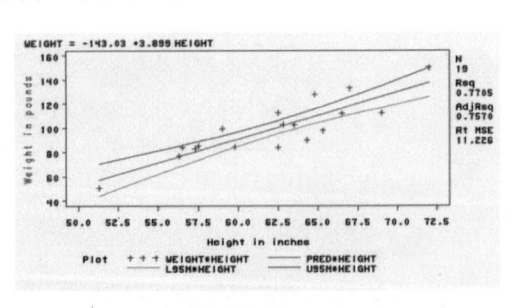

● 1938年，许宝䯅在论文中第一个讨论线性模型中参数σ^2的优良估计问题

地的数学精英，而许宝騄无疑是其中翘楚。

1940年，一心报国的许宝騄不畏艰险，绕道好望角从海路回到了抗日烽火中的祖国，赴昆明西南联大任教。虽然校舍环境简陋，颠沛流离，但他不畏艰辛，仍继续科研工作，培养青年学生，取得丰硕的成果。

●许宝騄铜像

许宝騄不仅自己在多元分析方面取得很多开创性的成就，还培养了像安德森、奥肯等国际上的多元分析学术带头人，故许宝騄被公认为多元统计分析的奠基人之一。1947年，许宝騄与罗宾斯合写的论文《全收敛和大数定律》，第一次引入全收敛的概念，对国际数学研究产生了深远的影响。

在教学上，许宝騄主张"良工示人以朴"，应把原始的、真实的思想讲解给学生，而在形式和证明方法上要力求简明，无冗言赘文。他讲授条理清晰，举重若轻，并且乐于从计算中发现规律，提炼公式，给学生们留下了深刻的印象，堪称后辈典范。

20世纪50年代末，许宝騄已身患肺结核、胃病等多种疾病，行动很不方便，但仍坚持在住所主持科研讨论和教研工作。他顽强地长期带病从事科研和教学，为祖国的

● 北京大学勺园

科学事业工作到最后一息。1970年12月18日清晨,许宝骎病逝于北京大学的勺园佟府,享年60岁。一支使用多年的派克牌旧钢笔弃置在床头小几上,数页写作未完的残稿散落在地,他把自己的身心全部贡献给了祖国的科学和教育事业。

◉ 周立三

1910—1998

浙江杭州人。经济地理学家,中国科学院院士,中国农业区划理论与实践的开拓人之一,为因地制宜地进行农业生产合理布局做出了重要贡献。

Zhou Lisan was born in Hangzhou City, Zhejiang Province. He is a distinguished economic geographer and the academician of Chinese Academy of Sciences. As one of the pioneers of Chinese agricultural regionalization theory and practice, Zhou Lisan made important contributions to the rational distribution of agricultural production according to circumstances.

周立三毕生致力于我国的地理研究，在自然地理研究方面有较高的造诣，特别是在1956年至1960年主持了新疆综合考察，贡献突出。

当时的新疆综合考察队员有200人，人员来自中国科学院、高等院校、地方生产部门，绝大部分是各个基础学科与生产部门，包括地貌、气候、水文、水文地质、土壤、植物、动物、昆虫、农业、畜牧业与经济地理等十多个专业的专家。新疆境内地形轮廓明显，考察范围北起阿尔泰山，南迄昆仑山，在140万平方千米内进行，有天山等山脉及准噶尔、塔里木等盆地，海拔多在3000米以上，高峰终年积雪。由于新疆深居内陆，属高山环境，降雨稀少，年温差和日温差都极大，给考察工作带来诸多不利因素。科考人员们常需风餐露宿，盛夏顶着烈日，严冬踏着积雪，还需深入到各山脉和沙漠盆地中去，工作异常艰苦。在周立三的率领之下，考察队巧妙地将各领域专家与新疆经济建设中的紧迫任务结合起来，既帮助促进经济发展，又兼顾本学科普查的需要。考察初期，周立三就发表了《新疆玛纳斯河流域农业生产与棉花产业化问题》《新疆农业区划及其划分原则和方法的探讨》等论文。周立三等人在大量第一手调查资料基础上编制了综合

● 新疆昆仑山景色

考察报告与多项专题研究报告，这些专题研究报告内容详实，有理有据，是考察队集体智慧的结晶，获得自治区党政领导的高度评价，大都成为日后新疆确定资源开发与农业发展方

● 准噶尔盆地景色

针与规划的重要依据。随后，周立三又组织各学科专家继续总结，分别撰写了地貌、气候、水文、土壤、植物等多部专著，并直接领导撰写了专著《新疆经济地理》。他在深刻认识农业的地域性、严格的节律性、较长的周期性和生产上的不稳定性的基础上，强调自然条件与区域评价是农业区划的前提条件，同时要编制不同部门区划如水稻区划、棉花区划等，以体现不同生产部门的地域分工。在对不同部门配置的规律性有确切认识后，进行综合平衡，制定综合农业区划，在每个区内合理安排各种生产规模、比例关系，并指明发展远景。后来，考察队的考察内容又进一步增加吐鲁番盆地的综合开发、开都河改道、盐碱土改良及有关试验场的建立及额尔齐斯河北水南调等研究课题。新疆综合考察历时5年，取得了丰硕的成果，为新疆资源开发和经济建设作出了不可磨灭的贡献。

如果说周立三对科学研究"锲而不舍，老而弥坚"的精神，敢于直言的严肃科学态度，以及他严于律己、平易近人、安于清贫、不求闻达的品格，是根植于中国传统文明之中的，那么，他在学术上的建树又是与时俱进，是与祖国同步发展的，他搞科研的特点是不仅注意理论与方法的探索，更注意服务于生产实践，与国民经济的发展密切结合。

周立三从自己的亲身经历中深感地理学要为建设服务，就必须充分发挥集体的智慧和力量。他总强调科研成果是集体的劳动，不要突出个人。在青年培养方面，他身教重于言传，对下一代寄予很大的希望，常说要"青出于蓝胜于蓝"，鼓励青年乘风破浪，勇于赶超。对自己，周立三严格要求，他常说："在生活上要知足常乐，在业务上要以不知足为常乐。""五十寒暑有晴阴，开发资源费心神，大半生涯遍南北，赤诚之心为人民"，正是他一生的最好写照。

1998年9月，周立三逝世，享年88岁。周立三在攀登专业领域巅峰的长途跋涉中，不畏艰难险阻，不畏山高水长。他的很多成就已转化为生产力，融入了祖国发展腾飞的现实中。他是当之无愧的"科学工作者的楷模"，他像一棵参天大树深深根植于祖国大地，给世人留下了一片枝繁叶茂的绿荫。

⦿ 钱学森

1911—2009

祖籍浙江杭州。世界著名科学家，空气动力学家，中国载人航天奠基人。中国科学院及中国工程院院士，中国"两弹一星功勋奖章"获得者。被誉为"中国航天之父""中国导弹之父"和"火箭之王"。

Qian Xuesen, who originally came from Hangzhou City, Zhejiang Province, is a worldwide famous scientist, aerodynamicist, the founder of China's manned space program. Qian Xuesen is also the academician of Chinese Academy of Sciences and Chinese Academy of Engineering. He was honored with the Two Bombs and One Satellite Merit Medal Award for his outstanding comtributions. Qian Xuesen is widely regarded as Father of Chinese Aerospace, Father of Chinese Missiles and King of Rockets.

在上海交通大学的图书馆里，珍藏着一份96分的水力学试卷，做这份试卷的人就是钱学森。在这样一份普通的试卷背后，却有着一个意义非凡的故事。

原来，在一次水力学考试中，钱学森答对了所有的6道题，他的任课老师金老师很高兴，给了钱学森100分的满分成绩。但钱学森却发现自己答题时把一处符号"N_s"误写成"N"了，他主动把这个小错误告诉了老师，老师便把100分的试卷改为96分。

● 1947年9月，钱学森和蒋英在上海的结婚照

这份试卷后来被金老师一直保存着，即使在战乱的迁徙中也一直妥善安放在行李箱中。小小的试卷反映了一位世界著名科学家对自己的严格要求，恰如他对学习、科研的一丝不苟、虚心诚实。

钱学森自幼聪颖好学，目光远大，从1923年进入北京师范大学附属中学开始，他就立下了要用所学的科技知识来报效国家的宏伟志向。1929年，钱学森考入上海交通大学机械工程系学习机车制造专业，彼时正值时局动荡之际，钱学森决心改学航空工程专业，努力掌握飞机制造的尖端技术，为中国的航空事业出一份力。毕业后，钱学森报考清华大学留学公费生，先后到杭州笕桥机场和南京、

南昌飞机修理厂实习,在这里,钱学森对飞机结构有了初步的了解,开始步入航空领域的科学殿堂。

1935年9月,钱学森进入美国麻省理工学院航空系学习,后又转入美国加州理工学院航空系,师从世界著名空气动力学教授冯·卡门,先后获得航空工程硕士学位和航空、数学博士学位。1938年至1955年,钱学森先后任美国加州理工学院航空系助教、讲师、副教授,麻省理工学院航空系副教授、教授,加州理工学院航空系教授和喷气推进中心主任等职,从事空气动力学、固体力学和火箭、导弹等领域的研究。他与导师共同完成的高速空气动力学问题研究课题和建立的"卡门-钱近似公式",使他在28岁时就成为世界知名的空气动力学家。独立完成的《关于薄壳体稳定性的研究》,使钱学森在航空技术工程理论界获得很高声誉。他提出的火箭与航空领域中的若干重要概念、超前设想和科学预见,尤其是他执笔撰写的有关美国战后飞机和火箭、导弹发展展望的报告,奠定了他在力学和喷气推进领域的领先地位。钱学森还开创了工程控制论、物理力学两门新兴学科,为人类科学事业

● 1964年,时任中国科学院力学研究所所长、中国科学技术大学化学物理系教授的钱学森在课后给同学们解答问题

的发展做出了重要贡献。

钱学森在美国学习工作期间，始终心系祖国，密切关注国内局势变化，决心早日学成报效祖国。

1950年，钱学森准备回国时，在港口被美国官员拦住，后被关进监狱。当时美国海军次长丹金布尔曾评价道："钱学森无论走到哪里，都值五个师。"他不屈不挠，在狱中顽强斗争，在相关党和国家领导人的亲切关怀下，经过我国政府的严正交涉和国际友人的热心援助，钱学森一家终于冲破重重阻力，于1955年10月回到祖国，并立即投入到新中国建设的热潮中。

● 钱学森在书房学习怡然自得

● 钱学森起草的《建立我国国防航空工业的意见书》

回国后不久,钱学森就全面投入到中国的火箭和导弹研制的工作中。1956年初,钱学森向中共中央、国务院提出《建立我国国防航空工业的意见书》。在这份意见书中,他对发展我国的导弹事业提出了长远规划。同年,国务院、中央军委根据他的建议,成立了导弹、航空科学研究的领导机构——航空工业委员会,并任命他为委员。也是在这一年,钱学森受命组建中国第一个火箭、导弹研究机构——国防部第五研究院并担任首任院长。从那时开始,钱学森长期担任火箭、导弹和航天器研制的技术领导职务,以他在总体、动力、制导、气动力、结构、材料、计算机、质量控制和科技管理等领域的丰富知识,对中国火箭、导弹和航天事业的发展做出了重大贡献,赢得了"中国航天之父"的美誉。

● 1991年,80岁的钱学森被授予"国家杰出贡献科学家"荣誉称号

2007年，钱学森被评为"感动中国年度人物"时，组委会的颁奖词这样评价钱学森："在他心里，国为重，家为轻，科学最重，名利最轻。五年归国路，十年两弹成。他是知识的宝藏，是科学的旗帜，是中华民族知识分子的典范。"

2009年10月，钱学森逝世，享年98岁。"大千宇宙，浩瀚长空，全纳入赤子心胸。惊世两弹，冲霄一星，尽凝铸中华豪情，霜鬓不坠青云志。"作为中国航天事业的先行人，钱学森不仅是知识的宝藏、科学的旗帜，而且是民族的脊梁、全球华人的典范，他向世界展示了华人的风采。

⦿ 钱三强

1913—1992

原籍浙江湖州，生于浙江绍兴。中国原子能科学事业的开拓者和奠基人之一，中国科学院院士，中国"两弹一星"元勋，被誉为"中国原子弹之父"。钱三强为中国原子弹的研制和中国原子能科学事业的发展呕心沥血，也为培养中国原子能科技队伍立下了不朽功勋。

Qian Sanqiang, who originally came from Huzhou City, Zhejiang Province, was born in Shaoxing City, Zhejiang Province. He is one of the pioneers and founders of Chinese atomic energy science. He is also the academician of Chinese Academy of Sciences and was honorned with the Two Bombs and One Satellite Merit Medal Award. Qian Sanqiang is widely praised as Father of Chinese Atomic Bomb. Qian Sanqiang exerted painstaking efforts on Chinese atomic bomb research and the Chinese atomic science development. He also made immortal achievements on cultivating scientific and technological talents for Chinese atomic energy industry.

1913年10月，钱三强出生于浙江绍兴。父亲钱玄同思想开明不守旧，作风民主不压抑。家里每个成员都可以言其所思，行其所志，平等相待，彼此敬重。

1919年夏末秋初，6岁的钱三强进入北京高等师范附属小学学习，一年后转入孔德学校小学部。学校遵循创办人蔡元培的办学宗旨，提倡德智体美劳平衡发展，具有许多不同于他校的特点。令钱三强记忆犹新的是，他的物理老师吴郁周常拿一些手绘的图表到课堂上演示给学生看，把发动机的原理、几何光学的成像、焦点、实像、虚像等抽象的物理学知识用图表展示出来，这在钱三强心中点亮了科学启蒙的火花。

钱三强热爱读书，还自小接受了音乐和图画的熏陶，爱上了歌咏和欣赏音乐，还饶有兴趣地参加学校的"山猫"篮球队。这些经历既有助于增强体质，又培养了集体主义观念和拼搏与创新的精神。

在北大预科读了一个学期过后，钱三强开始凭着兴趣和好奇心扩大知识范围。受到课程和授课老师的影响，钱三强的专业兴趣发生了变化，转而对物质结构科学产生了兴趣。他发现，通过实验可以对原理有更清楚的了解，比如力学章节里，"加速度"的概念有些难懂，经过自己操作实验，就豁然开朗了。再加上

● 中国现代科学家纪念邮票——钱三强

学习物理化学时对化学当量、分子、原子等概念的了解，他的兴趣逐渐转到了物质结构上。

1936年钱三强从清华大学物理系毕业后，赴法国居里实验室留学，师从约里奥·居里夫妇，在这两位诺贝尔奖获得者的指导下，从事核物理研究，成果斐然。

●钱三强和夫人何泽慧在讨论问题

1948年初夏，钱三强放弃了国外良好的研究工作条件和优越的生活，为了发展祖国的原子能事业，毅然乘船回到祖国。由他和竺可桢主持的近代物理研究所（1958年改称原子能所），终于在1964年10月16日钱三强生日的那天传来原子弹爆炸成功的消息。美国原子能委员会对放射性烟云进行了分析，认为比他们投在广岛的铀-235原子弹设计更加完善，且使用了先进的内爆型设计来起爆裂变材料。

钱三强一贯秉承"预为谋"的思想，1980年，他在《温故而知新》一文中总结自己的体会："早做科学储备，总比临渴挖井好。多做点科学储备，一旦有了任务，就可以有多一点的选择余地。那时谁掌握多一点规律，谁就领先，也就是说，科学储备越来越显得重要。"钱三强认为，氢弹要以原子弹做引爆器，但它有与原子弹不同的原理和规律，有与轻核聚变反应相关的理论问题，需要有人先做探索，宜早不宜迟。于是钱三强点兵选将，组织班子，在原子弹爆炸两年八个月后，氢弹也试验成功了。

钱三强还积极从事科研组织工作，培养了一大批科技人才。在科研工作中，钱三强注意发挥青年的主动性，放手让他们大胆探索，注意引导和鼓励青年独立思考，各抒己见，即使是不成熟的或尚处于萌芽状态的，他也会给予热情支持。正是由于钱三强坚持不懈地对青年科技工作者的鼓励、信任和教诲，才深刻地影响了一大批年轻人投身核科学技术领域，默默无私地奉献自己的青春才华乃至毕生精力。

1992年6月，钱三强逝世，享年79岁。他那宽阔的胸怀，无畏的气魄，无私奉献的精神，谦逊朴实的作风，将永远值得后人铭记和怀念。

◉ 樊　畿

1914—2010

浙江杭州人。著名数学家，在数学领域留下了辉煌的科学业绩，以樊畿命名的定理、等式和不等式有很多。他在非线性分析、对策论及矩阵论等方面的贡献，已成为许多当代论著的出发点和一些科学分支的基石。

Fan Ji was born in Hangzhou City, Zhejiang Province. He is a famous mathematician and made brilliant scientific achievements on math. There are a lot of theories, equations and inequations named by Fan Ji. His achievements on nonlinear analysis, game theory and matrix theory have become the starting point of many modern publications and the headstone of some scientific branches.

樊畿出身于一个书香门第。他自幼天赋甚高，聪明过人。1932年，他以优异成绩考入北京大学数学系。大学期间，即表现出异乎常人的数学才华。才上大学二年级，樊畿即翻译了德文版的《解析几何与代数》一书，而后又翻译了《理想数论初步》，并与人合著《数论》，这些书在樊畿还在读大学期间，就已先后由商务印书馆出版。

1938年，法国设立中法教育基金会，面向全国招考数学、化学、生物三科各一名学生去法国留学。樊畿以突出成绩，一举夺冠，翌年即赴法，就读于巴黎大学，师从世界泛函数分析先驱、著名数学大师弗雷歇。1941年，樊畿荣获法国国家博士学位。当时正值二战期间，战时生活极为紧张清苦，但他的研究工作却不断取得成果。到二战结束时，樊畿已发表了论文20余篇，并和导师弗雷歇合作出版了《组合拓朴学引论》一书的法文版、英文版和西班牙文版。

终其一生，樊畿都遨游在数学王国之中，一次又一次向最高峰冲击，一次又一次地摘取了数学皇冠上一颗颗闪光的明珠。他的学术成就涵盖数学的许多领域：从线性分析到非线性分析，从有限维空间到无限维空间，从纯数学到应用数学，都留下了他辉煌的研究成果。以樊畿命名的定理、等式和不等式很多。他在非线性分析、不动点理论、凸分析、集值分析、数理经济学、对策论、线性算子理论及矩阵论等方面的贡献，已成为许多当代论著的出发点和一些分支的基石。特别是他在非线性函数的研究方

面，一直居于学界的权威地位，而他的对策论的理论更是对近代数理经济学的发展有很大影响。

世界上许多科学家都认为，樊畿的论著从任何角度看都是纯数学的，条件自然，结论简洁，论证优美。但是，这些纯数学的结论又有极广泛的应用，尤其对数理经济学的发展促进很大。例如，诺贝尔经济学奖获得者德布勒创立的数理经济学基本理论就是由樊畿的极大极小不等式直接导出的。因此，他的研究工作体现了纯粹数学和应用数学的完美统一。

樊畿治学也有自己独特的个性。20世纪80年代，樊畿曾在美国圣塔芭芭拉加州大学教授数学基础课。他讲课严谨认真，循循善诱，不仅表达叙述条理清晰，而且每个概念都交代得透彻深刻，并把某些背景和理论在有限空间里展现给学生。他讲课时，情绪饱满，开始时语调平缓，随

着问题的逐步展开，声音会越来越大；讲到精彩之处，会挥舞双臂，红光满面，感情非常投入。樊畿对学生要求极其严格，其程度超过一般美国教授的常规

● 樊畿在授课

做法，要求每个学生上课必须做好笔记。樊畿认为，学数学就得用脑子，不肯用脑子就不要学数学。他的学生经过训练都非常努力，不敢懈怠。而樊畿对研究数学犯错误的学者却又非常宽厚。当时，普渡大学有一个名叫勃兰治的数学家，宣布攻克了一个困扰数学界多年的难题"不变子空间猜想"，但数学界在推导过程中却发现他的推导存在错误，于是不仅他的证明被否定，而且他本人也被否定了。此后，他的文章没地方发表，他本人也被学术界彻底孤立。但樊畿却认为这是一个可以原谅的错误，他不但在自己主编的数学刊物上发表勃兰治的文章，还给推荐到其他刊物上发表。1984年，勃兰治经过反复验证，确定已经解决了1916年由德国数学家比贝尔巴赫提出的困扰全球数学界68年的"比贝尔巴赫猜想"，他第一个告诉樊畿，并终于获得了同行的认可。1984年秋天，美国多家媒体播出

了这条轰动全球数学界的新闻，此后勃兰治在国际数学界享有盛誉。

1985年，樊畿正式退休，圣塔芭芭拉加州大学为他举行了隆重的退休纪念活动。在退休纪念宴会上，校方还倡议成立了"樊畿助教基金会"，用以资助来圣塔芭芭拉加州大学进修的年轻学者，迄今已有多位学者获益。

樊畿从西子湖畔起步，一步一个脚印，走向了世界，登上了数学高峰。

⦿ 裘法祖

1914—2008

浙江杭州人。著名医学家，中国现代普通外科的主要开拓者，肝胆外科和器官移植外科的主要创始人和奠基人之一，晚期血吸虫病外科治疗开创者，中国科学院院士，被誉为"中国外科之父"。

Qiu Fazu was born in Hangzhou City, Zhejiang Province. He is a noted medical scientist, the primary pioneer of general surgery in modern China, one of the primary pioneers and founders of hepatobiliary surgery and organ transplantation, the pathfinder of advanced schistosomiasis surgical treatment. Qiu Fazu is also the academician of Chinese Academy of Sciences and is widely praised as Father of Chinese Surgery.

1914年12月，裘法祖出生于杭州的一个书香门第，18岁时，他考入上海同济大学医学预科。就在上大学的第二年，裘法祖的母亲突然腹痛不止，请来的医生都无法解决母亲的问题，只能眼睁睁地看着母亲去世了。裘法祖查阅西医经典，发现母亲得的是只需要做个小手术的阑尾炎。这件事对裘法祖刺激很大，从此，他下定决心要成为一个有真才实学的好医生。

当时欧洲的医学比较发达，而德国又是其中翘楚，于是裘法祖只身远赴德国，考入慕尼黑大学医学院。1939年，他通过严格的国家考试和论文答辩，以14门功课全部优秀的成绩获得医学博士学位。毕业后，裘法祖在慕尼黑大学附属医院工作，他的导师是德国著名的外科专家布龙纳教授。虽然身在外科，但做了8个月的辅助工作后，导师才允许他上手术台。刚开始，裘法祖做的手术是相对简单的阑尾切除手术，当做到第三例时，手术对象是一名中年妇女。手术5天后，这名中年妇女突然去世。虽然尸体解剖没有发现手术有任何问题，但他的导师却严肃而沉重地说："裘，她是一个有4个孩子的妈妈呀！"裘法祖心里非常难过，这句话让

● "外科之父"裘法祖

他铭心刻骨，终身难忘，他真正懂得了手上小小手术刀的分量。秉持着精湛的医术和严谨的态度，裘法祖的医术水平提高很快，来到德国的第7个年头，他便被提升为外科副主任医师，而由中国人担任外科副主任，这在当时的欧洲都没有第二例。

1945年，中国抗日战争胜利的消息传到德国，裘法祖思乡心切，于1947年初携德国妻子乘海轮回国。当海轮在茫茫大海中行进时，船上却发生了血腥的械斗事件，一位精神病人用匕首刺伤一位旅客的肝脏，血流不止，十分危险。在这水天一色的大海中，裘法祖挺身而出，临时搭建了手术台，由一位中国医生当他的助手，凭着过硬的外科手术技术，裘法祖为伤者缝合肝脏，使病人转危为安。法国船长对这位中国医生的医术十分震惊，中国旅客也为之赞叹不已。船抵达上海的第二天，上海的几家报纸都对该事件做了报道，为裘法祖有如此高超的医术而赞叹不已。

医生应当追求什么？古语有云："德不近佛者不可以为医，才不近仙者不可以为医。"裘法祖认为："一个医生的真正幸福是用他自己的才智辛劳换来了病人的康复。"裘法祖的

● 2000年，裘法祖获中国医学科学奖

刀法以精准闻名外科学界，被人称为"裘派风范"。在他面前放一摞纸，他要划破两张，那么第三张一定是完好无损的。做手术也

● 1980年，裘法祖院士在进行肝脏移植手术

一样，不多开一刀，不少缝一针。做手术前，他还有一个特殊的规矩：一定要亲自清点每一件手术器械、每一块纱布。

上世纪60年代，裘法祖曾参加下乡巡回医疗，所到的农村有不少晚期血吸虫病病人。病人极度贫血消瘦，大量的腹水和肿大的脾脏使其肚腹异常膨大，当时有效的治疗手段就是切除脾脏，但由于脾脏巨大，又多粘连，裘法祖做手术时非常细心，操作非常谨慎，多数病人在切除脾脏后恢复了劳动能力。

● 94岁高龄的裘法祖教授接受市民的面对面咨询

有一次，裘法祖在农舍巡视时遇到一位颅脑伤病人，情况紧急，裘法祖就在农舍的棺材板上，用手电照明，进行了手术，使病

人转危为安。就在去世前半个月，94岁高龄的裘法祖得知有四川地震灾区伤员转移到同济医院治疗的消息，还拄着拐杖亲自参加了相关会诊。

2008年6月，裘法祖逝世，享年94岁。裘法祖以严谨的科学态度、高尚的道德情操和高洁的人格风范，谱写了一曲以医术报效祖国的凯歌！

⊙ 武 迟

1914—1988

浙江杭州人。化学工程学家，教育家，中国科学院院士。他为中国石油工业培养了大批科技人才，在炼油和石油化工催化剂的国产化等方面做出了突出贡献。

Wu Chi was born in Hangzhou City, Zhejiang Province. He is a famous chemical engineer, educator and the academician of Chinese Academy of Sciences. Wu Chi helped to cultivate a lot of scientific and technological talents and made prominent contributions to the domestication of petroleum refining and petrochemical catalyst.

1914年12月,武迟出生于浙江省杭州市的一个书香门第。父亲武曾传,爱好诗画,擅长书法;母亲严纯,幼承家教,能咏诗作词。武迟在青年时期就好学上进,热爱祖国。在考取清华大学理学院化学系后,他勤奋读书,成绩优秀,是理学院获得奖学金的优等生。

武迟满怀爱国热情,曾积极参加抗日救亡运动,他认为祖国遭侵略是因为国家太贫穷、太落后。在工业救国和科学救国思想的指引下,他身怀对祖国的热爱,远渡重洋,求学美国麻省理工学院,以期学有所成,为振兴中华做出贡献。

新中国成立后,武迟毅然放弃优越的生活条件和高薪职务,满怀希望地回到祖国。回国前,他将自己在美国工作多年所积累的实践经验和大量文献资料进行了整理,为回国任教做了充分准备。

武迟在教学方法上很有特色,他在石油化工科学研究院培养研究生时,对专业基础课采用启发式教学方法,给学生指定有关原文专业书籍,规定阅读页数和时间,定期

和研究生、辅导教师围坐在一起，提出问题，相互质疑，共同讨论。

武迟治学严谨，结合实际，出题考试时总是自行验算准确无误后，才将试卷下发。他对学生要求严格，重视品德教育，学生和辅导老师都对他十分敬佩。武迟培养的研究生绝大部分品学兼优，有些毕业论文在国际学术会议上宣读，有些申请了专利。

1961年，在石油七厂的大庆原油加工的会战中，武迟积极发挥技术领导作用，与会战人员共同努力，解决了大庆原油质重蜡多、易凝固、难提炼等难题，提高了产品的吸收率，缩短了沥青氧化时间和炼焦时间，为其他炼厂炼大庆油提供了宝贵经验。他自己也从中获益良多，积累了宝贵的生产实践经验。

1963年，武迟在石油三厂参与催化重整半工业试验装置攻关会战的领导，经过多次试验，使试验装置不断完善，为日后重整新工艺、新催化剂的开发提供了一个完善的半工业试验场所。

1966年，锦州石油六厂进行顺丁橡胶半工业生产试验攻关会战。武迟受命担任现场攻关会战技术领导，带队攻克了中国自行研制的丁烯氧化脱氢制丁二烯、丁二烯聚合制顺丁橡胶千吨级半工业试验全套技术和设备的难关。

漫漫科研路上，武迟鞠躬尽瘁，为祖国的石油化工事业发展贡献着全部力量。1972年，他虽身体衰弱，百病缠身，但仍充满信心地说："我躯虽衰志未衰，愿继前贤迎盛时。"他每天坚持看书学习，钻研催化工艺及有关理论，并再次参加组织万吨级生产装置攻关会战的技术领导工作。经过几十天的日夜奋战，他们终于解决了燕山石化公司胜利橡胶厂生产运转中"挂胶""堵塞""污水""质量"四大难题，为中国顺丁橡胶大型生产装置正常生产做出了新的巨大贡献。

"春日唯余窗下坐，喜看老树绿枝鲜。神州古国多生气，剩勇犹争献几年。"1983年后，武迟年事日高，身体逐渐衰弱，特别是肺心病日益加重。但他仍一心倾注于科研工作中，孜孜不倦地阅读相关文献和专利，甚至在家里边吸氧气边书写对全院科研工作的建议和长远设想。在生命的最后时光里，武迟躺在医院的病床上，仍逐字逐句地修改研究生的论文。在他病危抢救、用人工呼吸维持生命、已经不能说话时，他还用颤抖的手写字询问国产重整催化剂的开工情况。

1988年3月，武迟逝世，享年74岁。武迟为石油化工事业献出了毕生的精力，是一位德才兼备的教育家、杰出的科技专家。他真正做到了鞠躬尽瘁，死而后已，为人民的事业奋斗到生命的最后一刻。

⦿ 叶笃正

1916—2013

祖籍安徽安庆,出生于天津。气象学家,中国科学院院士。中国现代气象学主要奠基人之一,中国大气物理学创始人,全球气候变化研究的开拓者,科研成绩斐然。

Ye Duzheng, with an ancestral home of Anqing City, Anhui Province, was born in Tianjin City. He is a well-known meteorologist and the academician of Chinese Academy of Sciences. He is also noted as one of the founders of Chinese modern meteorology, the originator of Chinese atmospheric physics and the pioneer of global climate change study. Ye Duzheng made abundant and brilliant scientific research achievements during his lifetime.

"风华正茂时已经是奠基人,古稀之年仍然是开拓者。让外国人同我们接轨,这是一个年过九旬的大学者的大气象。笑揽风云动,睥睨大国轻。"这是感动中国2006年度人物评选时颁奖会上送给叶笃正的颁奖词。

就是这位气象学家,让我们天天需要的气象预报有了新的"气象"。长久以来,大气环流中究竟是气压场为主导还是风场为主导是学术界争论不休的问题,是天气预报准确性的关键之一。叶笃正和他的团队伙伴们通过一系列工作建立了大气运动适应尺度理论:对不同空间尺度的运动都存在着特征尺度,当实际运动的空间尺度大于这个特征尺度时,气压场起主导作用;当运动的空间尺度小于特征尺度时,风场起主导作用;对中小尺度的大气运动,同样存在适应问题。这个独创的理论完善了大气运动各分量的相互作用过程的物理解释,在天气预报工作上有重要的应用。

1916年2月,叶笃正出生于天津。他19岁考入清华大学,两年后,认识了学长钱三强。在这位日后影响中国的物理学家的劝说下,叶笃正放弃了自己喜爱的物理专业,选择了当时对国家更为实用的气象学。1945年,叶笃正前往美国,师从世界著名气象和海洋学家罗斯贝,其间,叶笃正发表重要论文十多篇。他的博士论文《关于大气能量频散传

● 1948年,叶笃正获得芝加哥大学博士学位

播》中提出大气运动的"长波能量频散理论",被誉为动力气象学的三大经典理论之一,而叶笃正则成为以罗斯贝为代表的"芝加哥学派"的主要成员之一。

● 1978年3月,叶笃正(右一)出席全国科学大会

1950年10月,在新中国正欢度第一个国庆日时,叶笃正与妻子登上轮船,辗转回到了祖国。回国后的叶笃正,被任命为中国科学院地球物理研究所北京工作站主任,在西直门内北魏胡同一座破旧的房子里开始了中国的气象研究。整个气象室十多位成员,没有一张像样的天气图,工作环境极为简陋。叶笃正曾向弟子们描述当时的工作状况:"没有图,我们自己画,第一张图画出来,是五百毫巴地面图,相当于五千米左右高度的天气图,气象室所有人特意庆贺了一番。"当时,天气图在国外是做研究做预报都要用到的最基础的配件。这幅图画成后,中国科学的天气预报正式起步,"天有不测风云"的时代也慢慢在中国结束了。

1984年,几位美国气象学家专程来到中国,寻求叶笃正的支持。这一次合作的成果,被叶笃正认为是自己最大的贡献。当时,已接近古稀的叶笃正把全部的精力投入到了另一领域,成为"全球气候变化"这个国际研究新领域在中国的开山鼻祖。

2005年，90岁高龄的叶笃正，每周一、三、五的早上，仍会准时出现在中科院大气物理研究所的办公室里。几百人的所里，80%的研究人员都是叶笃正的学生，但叶笃正从不认为自己是权威。

叶笃正的秘书崔桂云说："作为晚辈，我们跟叶老在一起，从来不用担心相处问题。你可以轻松地跟他开玩笑，不同意他的观点也可以直接跟他争辩。"叶笃正总把自己的成绩归功于他人，他常常挂在嘴边的就是"个人离不开群众，荣誉归于大家。要感谢舞台，因为舞台是大家给的；要感谢大家，因为单人唱不成戏，配角甚至更光彩……"

在近60年的科研生涯中，叶笃正在大气动力学、青藏高原气象学、东亚大气环流以及全球气候变化科学等领域成就显著，被公认为我国现代气象学的奠基人之一。他还使中国气候研究走进一个涉及科学、政治、经济、外交等领域的系统工程。2002年，86岁的中科院院士叶笃正代表中国人第一次获得了国际气象学界的"诺贝尔奖"——"国际气象组织奖"。2010年，经国际天文学联合会小天体命名委员会批准，第27895号小行星被永久命名为"叶笃正星"。

2013年10月，叶笃正逝世，享年97岁。叶笃正热爱祖国，热爱气象科学事业，孜孜不倦，努力进取，他将国外的先进科学理念引入国内，为推动中国大气物理学的发展、为国际气象学的发展做出了巨大贡献。

⦿ 朱祖祥

1916—1996

浙江慈溪人。著名土壤学家、农业教育家，对土壤化学和土壤物理学有很深的造诣，为我国土壤农业、环境保护等科研事业的创建和发展做出了开拓性的贡献。

Zhu Zuxiang was born in Cixi City, Zhejiang Province. He is a distinguished pedologist and agricultural educator. He is of high attainment in soil chemistry and soil physics. Zhu Zuxiang made pathbreaking contributions to the establishment and development of scientific researches such as soil agriculture and environment protection.

1916年10月，朱祖祥诞生在浙江省慈溪县。小学毕业后，他在塾馆诵读古文半年，后跳级插班于宁波私立民强中学，半年后又转读于宁波私立效实中学。效实中学师资雄厚，办学有方，在当时全浙江毕业生会考中，该校成绩常居前列。在效实中学学习期间，由于老师严格要求，因材施教，循循善诱，他对学习科学有了进一步的追求，对教育事业开始有向往之心，而且在学习和思维方法上也进步很大，为以后深造打下基础。

● 1983年，朱祖祥（中）考察长白山天池火山口

1934年，朱祖祥毕业于效实中学，当时宁波旅沪同乡会中的有识之士在宁波筹建四明大学募集资金，设立"四明大学奖学金"，以资助有志于教育事业而又品学兼优的青年，加以培养，作为将来建校的师资储备。朱祖祥因名列浙江大学农学院录取新生榜首而被授予该项奖学金，每年得400银元。入学后，他学习成绩一直名列前茅，因而年年获得奖学金。抗日战争爆发后，浙江大学开始西迁，奖学金因无财源而中断，幸有学校组织学生参加诸如抄写、刻印讲义、推销浙江大学学报等勤工俭学的活动，加上他个人还有连年奖学金的节余，勉强可以维持学业。

1937年隆冬，正在建德赶路的朱祖祥在北风凛冽的街

头，穿着单薄的衣衫，嘴唇都冻得发白了，却一个劲地叫嚷着"卖报！卖报"。这位浙江大学农学院四年级的学生，由于家境贫寒，前三年靠奖学金读书，这一年奖学金被取消，只得靠卖报补贴生活。可是在朱祖祥心里，却更加坚定了日后从事教育事业的信心。1938年夏，他获农学士学位，并留母校任助教。

抗战时期，浙江大学被迫西迁，大量图书、药品和必要的教具设施也同时随迁，朱祖祥肩负着押运整个农学院仪器、药品等设备的艰辛重任，其间，他或高卧于箱顶激流行舟，或屈蹲于箱背以避逆风，历经千辛万苦，南下赣州，中转于广西阳朔、宜山，最后安全运至贵州。在贵州湄潭，他作为农化系里仅有的两个青年助教之一，倾注全力投入建设实验室、开辟试验地、收集文献资料、配合教授备课等工作。在实验用房、仪器不敷周转时，就利用晚上或假日为同学安排实验，热心执教，恪尽职守。1942年，朱祖祥升为讲师后赴美留学。1948年，朱祖祥在美获博士后回国，成为当时浙江大学农学院最年轻的教授。

新中国成立后，33岁的朱祖祥被任命为浙大农业化学系主任。他竭尽全力，充实教师队伍，广开专业设置，为农化系的建设与发展花费大量时间和精力。1952年，我国高校院系调整后，他又致力于为浙江农业大学的改革和发展做贡献。朱祖祥遵守的行事准则是事业第一、工作至上。他治学严谨，学识渊博，一贯精心备课，一丝不苟。在教学中，他强调"三基"，即基本概念、基础理论和基础知识，严格要求学生熟练掌握科学实验基本技能。

在教学之余，朱祖祥还编写教材，填补中国土壤学教材的空白；他结合土壤普查收集了上千份浙江省的土壤样本，对土壤标本陈列馆的建立，从标本征集、陈列柜装饰、房舍修建，乃至经费申请等无不身体力行。

朱祖祥主要从事教育并主攻土壤化学的研究，早期研究影响土壤中交换态阳离子有效性和各种因子，提出饱和度效应、陪补离子效应和晶格结构效应等概念，对土壤和水稻营养障碍化学诊断的理论、方法及标准等问题做了系统的研究。他两度编写和主编《土壤学》教材，被广泛采用，获全国优秀教材一等奖。他长期从事土壤理化性状检测手段、土壤磷化学及其有效养分和土壤水分能量概念的研究，并对影响土壤养分有效性的粘粒矿物结构效应、饱和度效应、陪补离子效应以及绿肥在土壤耕作过程中所带动的生物循环进行系统的论证。

1978年，朱祖祥开始招收硕士、博士研究生，是我国高等农业院校中第一位培养土壤化学和土壤物理学方向研究生的导师。

朱祖祥早年在美国密歇根州立大学研

● 1991年10月，朱祖祥（右）参加浙江春晖中学七十周年庆典

究院从事硕士论文和研究工作时，发现沿湖区桃树生长的优劣同土壤中交换性钾的含量水平之间有关联。回国后通过植物（燕麦、桃树）栽培试验，结合粘粒矿物类型，进行了土壤胶体对离子吸附能力和交换性阳离子种类及其相对含量以及植物从土壤中吸取元素状态等方面的测定，系统地证实了土壤胶体上的离子饱和度以及胶体上与植物营养离子共存的其他吸附离子的状况，与土壤养分有效度密切相关，这就是土壤中离子的"饱和度效应"和"陪补离子效应"。这两种概念可深刻阐明土壤有效养分的动态及其差异根源。这个发现被选入多个国家的教科书中。

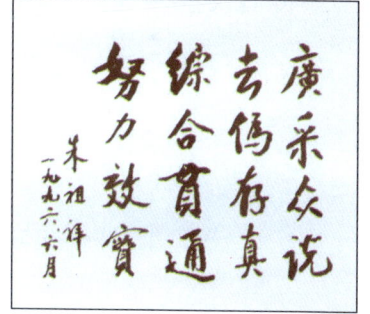

1996年11月，朱祖祥逝世，享年80岁。

⊙ 杜庆华

1919—2006

浙江杭州人。著名的力学专家、力学教育家，中国工程院院士，我国力学基础教育的先驱者，中国应用力学基础教育先驱人物，为中国力学专业的建立做出了重大贡献。

Du Qinghua was born in Hangzhou City, Zhejiang Province. He is a celebrated dynamicist, mechanical educator and the academician of Chinese Academy of Engineering. As the herald of Chinese mechanical education and the pioneer of Chinese applied mechanical education, Du Qinghua made a great contribution to the establishment of Chinese mechanics specialty.

杜庆华

1919年4月，杜庆华出生于浙江省杭州市。1940年，他获上海交通大学学士学位，1948年获美国斯坦福大学机械工程系硕士学位，一年后又师从美国哈佛大学一位著名理论流体力学教授，获哈佛大学航空工程硕士学位。当时正值1949年，新中国即将成立。为了能回国参加建设，杜庆华决定多学一些更实用的科学技术以为国出力，他又到美国斯坦福大学研究轻结构力学、工程力学，并于1951年获博士学位。

杜庆华在美国学习期间，一直关心着国内形势，时刻准备着回国投身于祖国的建设事业。回国前的这段时间里，他参加了中国留美科协的建立和帮助中国留学生回国参加中华人民共和国建设的相关工作。当他获得博士学位后，便立即克服重重困难，冲破美国当局的阻拦，于1951年6月回到祖国的怀抱。

1952年，清华大学力学师资严重缺乏，一大批刚入学两年的大学生被抽调出来补充教师队伍，以适应迅速为国家培养大批建设人才的需要。在清华大学担任力学教研组主任的杜庆华深感自己责任重大，肩负起对这些年轻教师进行业务培训的任务。他亲自讲授力学理论课程，做教学示范，带领他们走上了教学工作岗位。这几十个年轻人，被杜庆华的渊博学识所折服，更为自己拥有这样的良师益友而暗暗庆幸。他们以老师为榜样，日后均成为清华大学基础力学课程的教学骨干和带头人。

每天清晨，只要经过那个简陋的教师宿舍楼，师生们都会看到杜庆华的书房中早早亮起的灯光，大家都知道：那是杜老师在利用最安静的时刻晨读，那也是杜老师真正的属于自己的时间。杜庆华不仅要求学生有广阔的知识面，他自己更是如饥似渴地汲取各个行业的最前沿的研究成果。他看的书很杂，自己研究的领域，自然是时刻留意动向；其他专业，也是做到基本了解；而相近专业的一些知识，同样也是了如指掌。真可谓是，大事小事事事关心。"我们就要多了解相近专业的发展情况，才有可能在自己的专业领域有更深入的研究，才更容易触类旁通，碰撞出知识的火花。"即使到了晚年，杜庆华也依然保留着广泛涉猎与阅读的良好习惯。

1956年，杜庆华与钱学森、钱伟长、郭永怀、张维等院士共同创建了清华工程力学研究班，为我国培养了一批工程力学教学和科研骨干人才，可以说，杜庆华也是清华固体力学专业的创办人和奠基人。

除了长年订阅一批国际杂志外，杜庆华还经常到校图

书馆和北京图书馆查阅有关最新资料。正因为如此,他在指导研究生的过程中,始终起着指引方向的作用。曾经有一位研究生尝试确定了一个研究选题,杜庆华在听取小范围汇报时,感觉该项工作似乎已经有人做过,当场提出建议,后来果然查到了有关文献,避免了重复性工作和无效劳动。后来,这位研究生在杜庆华的指导下,重新确定了研究主题。这位研究生常常说:"杜老师是我真正的领路人。他犹如夜航中的灯塔,给我指明了研究的方向。"

杜庆华在轻结构力学、工程弹塑性分析、机械结构强度与振动等多个领域均有丰硕的成果,是现代计算力学边界元法的国际知名学者。由他主编的《工程力学手册》是我国第一部工程力学的大型工具书。杜庆华是我国力学基础教育的先驱,为我国工程力学人才的培养做出了杰出的贡献。

2006年11月,杜庆华逝世,享年87岁。

◉ 蒋丽金

1919—2008

祖籍浙江杭州，生于北京。著名化学家、中国科学院院士。我国光化学研究的主要奠基人和开拓者之一，为我国化学科学事业的发展建设做出了卓越贡献。

With the original family home of Hangzhou City, Zhejiang Province, Jiang Lijin was born in Beijing City. She is a famous chemist and the academician of Chinese Academy of Sciences. Jiang Lijin was also the primary founder and one of the pioneers of Chinese photochemistry research. Jiang Lijin made an outstanding contribution to the development of Chinese chemical science development.

蒋丽金

蒋丽金祖籍浙江杭州,生于北京,成长在唐山。她从小喜欢读书,家人也非常注重对她的教育。初中毕业后,父母把蒋丽金送进唐山仅有的一所教会学校读高中。教会学校每天都只教女孩子们剪纸、画画、做女红。蒋丽金并不喜欢这些,相反,她对看似枯燥的数学公式和几何图形情有独钟。在蒋丽金的执意要求下,父亲只好把她送到北京,就读于贝满女中。在校期间,因学习成绩优异,蒋丽金多次获学校奖学金。

高中毕业后,怀揣成为一名济世救人的医生的崇高理想,蒋丽金考取了协和医学院,并获得入学奖学金。然而,时局的不断变化和动荡击碎了她的从医梦。珍珠港事件爆发后,协和医学院关门,蒋丽金只好去上海的圣约翰乾坤医学院继续求学。

1942年,蒋丽金因病回到北京。虽然很喜欢学医,但她却不愿上日本人开办的北平医学院,于是选择了去辅仁大学化学系学习,并获硕士学位。

1948年,蒋丽金考入美国明尼苏达大学药学院药化系,1951年获博士学位后,她又在美国堪萨斯大学药化系和美国麻省理工学院化学系做博士后,任研究员,从事可的松衍生物的合成和维生素D的部分合成等研究工作,取得了一批重要的研究成果。

蒋丽金的丈夫许国志也是科学家。两人的经历出奇地相似,他们同年同月出生,同年考取自费出国生,也同样因为没钱没能立即出国留学,尔后,又同在美国堪萨斯大学工作和学习。日久见真情，1954年8月15日，这对抱负相同的青年在异国喜结连理。

在美国，夫妻俩在各自的科研领域都颇有建树。事业上的成功就意味着拥有荣誉、地位和金钱，经过数年的奋斗，蒋丽金和许国志在科学探索与钻研的征程上不断攀登，均取得了卓有成效的成绩。

● 许国志、蒋丽金夫妇

新中国成立后，祖国建设的宏伟蓝图在向许国志、蒋丽金夫妇俩招手，爱国心切的两人多次申请回国，均遭美国当局拒绝。直到1955年，当得知迫于外交压力的美国准许中国留学生回国时，夫妇俩当即购票，登船回国。

回国后，蒋丽金进入中国科学院化学研究所，在涂料、感光材料有机助剂的合成与结构鉴定、核磁共振技术在有机化学鉴定中的应用等领域开展研究，特别是在中国大漆漆酚的研究、有机氟化物的合成、硼氮化合物的合成等研究工作上成绩卓著，为我国有机合成研究的发展做出了突出的贡献。

作为中国光化学研究的主要奠基人和开拓者之一，蒋丽金积极支持和推动了中国光化学学科建设，并在光化学前沿领域开展起科学研究。她参加了中国国家"八五"重大基础研究项目之一"生命过程中的重要化学问题"等研究工

作，在生物光化学，特别是在竹红菌的光疗机制、藻类天线系统的结构与功能等方面进行了深入的研究，取得了一系列重要科研成果。感光所也由国内凝聚态光化学研究最为集中之地跃升为国际公认的几个著名光化学研究中心之一，受到国际同行的高度重视和广泛赞誉。

● 蒋丽金——中国光化学研究主要奠基人和开拓者之一

蒋丽金不但是卓越的光化学家，同时也是一位优秀的有机化学教育家，为国家培养了众多的优秀科技人才。70多岁的时候，蒋丽金还坚持到科大研究生院授课，而且不顾年老体弱和严重的眼病，经常为学生审阅论文到深夜。

2008年6月，蒋丽金病逝，享年89岁。蒋丽金视科研、教学事业如生命，而对个人名利又非常淡泊，她为我国化学科学事业的发展建设做出了奠基性的卓越贡献。

⦿ 高小霞

1919—1998

浙江杭州人。著名化学家，中国科学院院士。长期致力于分析化学的教学和研究，在稀土农用的植物生理功能研究中取得卓著成果。

Gao Xiaoxia was born in Hangzhou City, Zhejiang Province. She is a well-known chemist and the academician of Chinese Academy of Sciences. She made a long-term commitment to teaching and studying analytical chemistry and conducted excellent achievements on physiological function research of rare earths agricultrual plants.

高小霞

1919年7月，高小霞出生在浙江萧山。年少时，高小霞的生活并非一帆风顺，她的父亲是一位业余书法家，在上海中华书局当编辑。11岁的时候，父亲把高小霞从家乡接到上海念书。她刻苦学习，用8年时间完成了12年的学业，并且考取了著名的西南联合大学。然而，父亲的意外失业使高小霞失去了一次上大学深造的机会，她不得不到一所中学当一个小教员，赚钱补贴家用。那年，她只有19岁。

秉持着继续求学的坚定信念，1940年，高小霞考上了上海交通大学化学系。不料天降横祸，父亲在贫病交加中去世，一家人的生活又陷入困境。为了保证不再失学，继续读书，高小霞只好白天听课，晚上当家庭教师赚钱。为了节省每一个铜板，她每天中午只买点烤白薯充饥，下午放学后，还要饿着肚子赶去为有钱人家的孩子辅导功课。

抗日战争期间，时局动荡不安。高小霞的同学们，有的中途辍学，有的转学，但高小霞克服种种困难，坚持下来了。她是最后剩下的21名学生中唯一的女同学。

拿到大学毕业文凭的高小霞满以为可以顺利找到工作，既减轻家庭负担，又可以凭借所学知识为国效力，可是在四处奔走找工作的过程中却连连碰壁，一无所获。几近绝望中，经同班同学徐光宪介绍，高小霞终于在宝华化工厂谋得一份工作。

高小霞的丈夫徐光宪也是一位著名的化学家。徐高两人同窗4年，后又是同事，相互间有了比较多的接触和了解。他们无所不谈——从彼此的身世到学术问题，从莎士比亚、狄更斯到居里夫妇……特别是对居里夫人那热爱祖国的赤诚之心的敬仰，使他们产生了深深的共鸣。

国家要富强，必须走"科学救国"的道路，这是当时一些爱国的知识分子比较普遍的看法。徐光宪和高小霞结婚后，怀着对祖国的爱，在亲戚朋友们的资助下，先后赴美国留学。

在美国，高小霞仍然是半工半读。她白天在康奈尔大学医学中心当分析实验员，晚上在纽约州立大学研究生院攻读分析化学。没有假日，没有娱乐，高小霞就这样以顽强的毅力，用两年时间，学完了硕士应修的课程。她的论文得到导师的高度赞赏，发表在《微量化学学报》上。

科学无国界，科学家有祖国。高小霞和丈夫徐光宪回国后，来到北京大学化学系任教。20世纪50年代，国家掀起了大规模的建设热潮。要找矿，就需要有灵敏的分析方法。高小霞和她的同事们为了满足工农业生产的需要，除了改进仪器外，开始从化学的角度考虑问题，从而引发了对极谱催化波的研究兴趣。

● 1986年，高小霞与丈夫徐光宪在绍兴欢度结婚四十载红宝石婚

精力充沛的高小霞和她所在的化学系电化学分析小组，把电化学和化学动力学结合起来，开展极谱催化波的研究。十几年如一日，失败，探索；探索又失败，失败再探索。

●高小霞在授课

高小霞先后在1963年的全国超纯分析会议上和1965年纯物料的科学和技术国际会议上，报告了有关研究成果，引起了地质、冶金等部门的浓厚兴趣，相关部门先后开展研究和应用，取得了很大的经济效益。

中国的稀土资源得天独厚，而且稀土是个宝，在国民经济各部门都有广泛的应用价值。但是，稀土化合物为什么能使作物增产？能增产多少？哪些稀土元素对哪些作物特别起作用？用量多少为宜？施过稀土化合物的作物对人体有无影响？这些问题横亘在科学家们的科研道路上。1977年，在高小霞的领导下，电分析小组着重开展稀土元素的催化波研究，之后又进一步开展了稀土元素对农业增产作用的探讨。

"国家需要，我试试看。"此后，高小霞的实验室里，经常放着江西庐山云雾茶、上饶雨前茶、四川宣汉茶，还有一捆捆菠菜……这是高小霞和她的研究生特意搜集来做分析用的植物样品。他们利用极谱络合吸附波（催化波的一种）测定菠菜、茶叶及某些植物叶中的稀土含量。

即使年逾花甲，患有冠心病，高小霞仍活跃在科研第一线，带研究生，继续向稀土科学的高峰攀登。她还主编过一套28册的《分析化学丛书》，并亲自撰写其中的《极谱催化波》分册。

1998年，高小霞逝世，享年79岁。正所谓科学无止境，一个人，只有有了明确的生活目标，才有方向，有动力，才会一步一个脚印地踏踏实实地前进，少走或不走弯路，也只有这样，才能使自己的理想得以实现。要满腔热忱地热爱自己的专业，要有一个不达目的誓不罢休的坚强信念，要永远跳动着一颗为人民服务、造福人类的火热的心……高小霞曾说："能以自己的创造性劳动为人民服务，为国家创造财富，这是我们科学工作者最大的愉快！"

● 高小霞手迹

图书在版编目（CIP）数据

影响世界的杭州科学家.近现代篇/杭州市科普作家协会编著.—杭州：浙江少年儿童出版社，2018.4
ISBN 978-7-5597-0675-1

Ⅰ.①影⋯ Ⅱ.①杭⋯ Ⅲ.①科学家-生平事迹-杭州市-近现代-通俗读物 Ⅳ.①K826.1-49

中国版本图书馆CIP数据核字（2018）第056958号

影响世界的杭州科学家·近现代篇
YINGXIANG SHIJIE DE HANGZHOU KEXUEJIA JINXIANDAI PIAN
杭州市科普作家协会◎编著

责任编辑	刘元冲　刘楚悦
装帧设计	林智广告
照片提供	上海微图网络有限公司
责任校对	冯季庆
责任印制	王　振
出版发行	浙江少年儿童出版社
地　　址	杭州市天目山路40号
印　　刷	杭州富阳美术印刷有限公司
经　　销	全国各地新华书店
开　　本	787mm×1092mm　1/32
印　　张	4.625
字　　数	92500
印　　数	1－6000
版　　次	2018年4月第1版
印　　次	2018年4月第1次印刷
书　　号	ISBN 978-7-5597-0675-1
定　　价	25.00元

（如有印装质量问题，影响阅读，请与购买书店或承印厂联系调换）
承印厂联系电话：0571-63251742